Die Entwicklungsgeschichte der Mühlen

Mit farbigen Mühlenzeichnungen von Rüdiger Hagen

REPRINT – VERLAG
LEIPZIG

Die zum Teil geminderte Druckqualität ist auf den
Erhaltungszustand der Originalvorlage zurückzuführen.

Bibliographische Information der Deutschen Nationalbibliothek
Die Deutsche Nationalbibliothek verzeichnet diese Publikation in der
Deutschen Nationalbibliographie; detaillierte bibliographische
Daten sind im Internet über www.d-nb.de abrufbar.

© **REPRINT-VERLAG-LEIPZIG**
Volker Hennig, Goseberg 22-24, 37603 Holzminden
www.reprint-verlag-leipzig.de
ISBN 978-3-8262-0834-8

Erweiterte Reprintauflage der Originalausgabe von 1927
nach dem Exemplar des Verlagsarchives

Lektorat: Andreas Bäslack, Leipzig
Einbandgestaltung: Jens Röblitz, Leipzig
Gesamtherstellung: Westermann Druck Zwickau GmbH

A. DER GESCHICHTLICHE MÜHLENBAU

1. Vom Reibstein zur drehbaren Hand= und Tiermühle

> „Es ist sonderbar, daß nur außerordentliche
> Menschen die Entdeckungen machen, die hernach
> so leicht und simpel erscheinen; dieses setzt voraus,
> daß die simpelsten aber wahren Verhältnisse der
> Dinge zu bemerken, sehr tiefe Kenntnisse nötig
> sind.''
> Georg Christoph Lichtenberg.

Die Geschichte der Müllerei läßt sich, wie kaum diejenige eines anderen Gewerbes, viele zehntausend Jahre zurückverfolgen; so ist die älteste Menschheitsepoche durch Ausgrabungen vertreten (Gräberfunde, Steinbilder), das Altertum durch einige schriftliche Aufzeichnungen und das spätere Mittel= alter bringt bereits die ersten bildlichen Darstellungen aus dem Mühlengewerbe. Dort, wo Ausgrabungen Zweifel übriglassen, unterstützt uns der lebende Ein= druck des Daseins unkultivierter, abgeschnittener Völkerstämme (z. B. Südsee) und bestätigt oder schließt die anderwärts ausgegangenen Fäden industrie= geschichtlicher Forschung.

Die Anfänge menschlicher Kultur und Müllerei sind auf das engste mit der **Ernährungsfrage** verknüpft. Schon Darwins Lehre beweist, daß Pflanzen die ältesten Nahrungsmittel waren und die Fleischnahrung niemals für sich allein eine Hauptrolle spielte. Die Fortentwicklung der Familien und Sippen zu Jagdvölkern ist die Folge mangelnden Pflanzenwuchses und kultureller Verhältnisse; daher kann das Jagdleben nie als kennzeichnend für die erste Lebensfürsorge des Urmenschen hingestellt werden. Trotzdem wäre es falsch, in der ältesten Zeit (reine Pflanzennahrung) die Anfänge der Müllerei zu suchen. Zweifellos hatten jene Urmenschen, die sich meist von Früchten nährten, kein Bedürfnis, Mahlwerkzeuge zu verwenden, da ihr Gebiß hin= reichend stark war, um selbst starke Nüsse zu zerbrechen. Erst als sich dieses durch wachsende menschliche Intelligenz zurückentwickelte, benützte er hilfs= weise auch Steine.

Die Kenntnis der **getreideartigen Gräser** und deren Verwendung für die menschliche Nahrung ist viel jüngeren Datums; diese gewann erst dann Be= deutung, als die Jagdgefilde dürftiger wurden, das Umherziehen der Völker eingeschränkt werden mußte und man zur Pflege einzelner Nutztiere über= ging. Nun konnte die Zeit abgewartet werden, eine Saat gelegentlich zur Ernte zu bringen, und schließlich wurde vorsätzlich Getreidebau betrieben. In der Familie tritt eine Teilung des Arbeitsfeldes ein: der Gatte versorgt die Küche als Jäger mit Fleisch, die Frau und Kinder schaffen durch Bebauung des Feldes Pflanzenkost. Die Uranfänge der eigentlichen **Getreidemüllerei** liegen daher ausschließlich in den Händen der Frau, die täglich aufs neue in schwerer Arbeit das Korn für die Küche vermahlen muß. Unter diesem Zwange sind die Frauen auch noch heute bei niedrig kultivierten Völkern als die bedauerns= wertesten Geschöpfe anzusehen, vergleichbar dem Lose jener unzählbaren Mühlen= sklaven der Ägypter und Römer, die ihren Tod neben den Mahlsteinen fanden.[1]

---

[1] Wie der Mann mit den Waffen, wurde in der Steinzeit die Frau mit den Mahlsteinen begraben (z. B. Lingolsheim i. E.).

Das Korn wurde aus den einzelnen Ähren gerieben oder auf ebener Erde durch umhergetriebene Tiere, auch wohl in Handmörsern ausgedroschen, zer= drückt oder zerrieben und mit Wasser zu einem Brei angerührt. Dieser Brei blieb lange Zeit bis ins geschichtliche Zeitalter hinein die Hauptnahrung, spä= ter wurde er auf heißen Steinen zu fladenartigen Broten gebacken (Abb. 1); sie waren freilich zunächst kleistrig,

Abb. 1. Müllerei der Urmenschen

weil man die auflockernde Wirkung des Sauerteiges und der Hefe nicht kannte, und mußte warm gegessen werden, um schmackhaft zu sein. In einigen Fällen erhielt das Getreide vor der Vermahlung eine starke Netzung, es wurde ge= röstet und dann erst der Vermahlung übergeben; der Spelt trennte sich da= mit leichter vom Kern, die vollkommene Aus= scheidung der Hülsen aber geschah erst nach dem Vermahlen, was durch den Röstprozeß er= leichtert wurde. Römische Soldaten zerrieben in Germanien die Weizenkörner mit Wasser in Tonschüsseln,[1] die im Boden eingebettete Quarz= splitter enthielten (Abb. 2). Es ist also bewiesen, daß in der frühesten Zeit das Getreide, ähnlich wie heute noch bei Bohnen und Linsen üblich, auch mit Wasser eingeweicht und gekocht wurde, das Mehl mehr Luxusartikel der Reichen war.[2]

Abb 2. Reibschüssel (pelves) aus einem römischen Soldatenlager in Germanien (Mainz), mit in Ton ein= gebetteten Quarzsplittern

Wir gehen nun auf die eigentlichen Mahl= werkzeuge näher ein. Die ersten Handmühlen der vorgeschichtlichen Zeit bestehen aus einer einfachen rauhen Platte von Sandstein, Basalt, Quarz, Granit oder ähnlichem körnigen Gefüge. Auf diese wird das Getreide handvollweise aufgestreut, mit einem anderen harten Steine (Feuerstein, Trachyt usw.) von runder[3] oder ebener Form, dem „Reiber" oder „Quetscher", durch streichende oder drückende Bewegung vermahlen. Derartige **Reibplatten** aus der jüngeren Steinzeit zeigt die obere Hälfte der Abb. 15; links sehen wir eine solche mit dem zugehöri= gen Quetscher aus dem stein= zeitlichen Dorfe Schliestedt bei Schöppenstedt (Alter ca. 3000 Jahre, jüngere Steinzeit [Neoli= thikum], Zeit der Bandkeramik), in der Mitte einen Fund aus Halchter (Post Wolfenbüttel, Al=

Abb. 3. Die Entwicklung der Reibplatte in den urzeitlichen Steingruben des Mayengaues

---

[1] Kastellfunde in der Saalburg, Pfünz, Mainz usw. [2] Homer, Ilias XVIII 558—560, und Plinius XVIII 19. [3] Auch Nudelform.

Abb. 4. Flache Reibplatten und „Napoleonshüte"
(Provinzialmuseum Trier)

ter ca. 2500 Jahre), rechts einen Fund aus dem schweizerischen Pfahlbaudorf Robenhausen.[1] Der ebenflächige Unterstein nahm die verschiedensten Formen an, je nach der Unterlage oder Bedienung; eigentümlich ist die Schiffsform, in welcher noch heute viele prähistorische Reibsteine in den Rheinländern ausgegraben werden. Abb. 4 stellt solche „Napoleonshüte" aus dem Provinzialmuseum Trier in verschiedenen Entwicklungsformen dar, unter anderen zwei besonders große Prachtstücke (47,5 cm lang, 22 cm hoch und 79 cm lang, 14 cm hoch) von den Weinbergdomänen Serrig an der Saar. Diese Steine bestehen aus Basaltlava der Niedermendig‑Mayener Gegend in der Eifel, welche schon in der vorgeschichtlichen Zeit und von da ab bis in unsere Jahrzehnte hinein alle Rheinstaaten mit Mahlsteinen beliefert hat,[2] da das Material besonders porös und dabei hart ist.[3] So entstand aus der flachen Reibplatte allmählich eine Mahlbahn,

Abb. 5. Die ältesten Mühlenbauerwerkzeuge
(Mayengau)

die durch ihre schneidenartige oder gar spitze Form einesteils ein besseres Festhalten auf der Unterlage und ferner ein bequemeres Bedienen ermöglichte (man nahm den Unterstein zwischen die Knie). In Abb. 3 läßt sich die Entwicklung des Reibsteines von seiner flachen Form an (Figur a, jüngere Steinzeit; Figur c, frühe Hallstattzeit, etwa 1000—800 v. Chr.) bis zur La‑Tène‑Zeit (Figur e, 500 v. Chr. bis Christi Geburt) mit den immer spitzer werdenden

Abb. 6. Ägypt. Plastik, Reibplatte

Napoleonshüten verfolgen. Der größte dieser in den Schutthalden urzeitlicher Steinbrüche im Mayengau gefundenen Steine (Besitz des Eifelmuseums Mayen) ist $82 \times 42 \times 25$ cm groß. Die darauf folgende Abbildung 5 zeigt die ältesten bisher bekannten, ausschließlich im Mühlenbau

---

[1] Im Besitze des Städtischen Museums Braunschweig. [2] Vgl. C. Koehl, Neue präh. Funde aus Worms und Umgebung, 1896, usw. [3] Vgl. den Artikel des Verfassers in der Zeitschrift für das gesamte Mühlenwesen 1925, Seite 84, „Der Mayengau — ein vorgeschichtliches Mühlenbauzentrum".

verwendeten Werkzeuge, Steinhämmer von Hartbasalt aus den Mayener (Kottenheimer) urzeitlichen Gruben[1] (Figur e, f, g), darüber die ersten Eisenhämmer, Heiligtümer aus den Geburtstagen des Mühlenbaues, auf die besonders hingewiesen sei.

Alle alten Kulturvölker, von den Altbabyloniern (4000 v. Chr.!) angefangen, benutzten die Reibplatte zur Mehlherstel= lung, so auch die Assyrer und die alten Ägypter (bis ca. 3200 v. Chr. reicht die ägyptische Geschichte), wie ein Kunstwerk

Abb. 7. Mahltrog
aus dem vorgeschichtlichen Deutschland
(Schlesw.-Holst. Museum vaterländischer
Altertümer zu Kiel)

aus jenen Tagen zeigt (Abb. 6). Andere Holzfiguren, wahrscheinlich Spiel= zeuge, von kornmahlenden ägyptischen Sklaven fand man in der Mastaba des alten Reiches zu Dahschur[2] und in Sakkara.[3]

Abb. 8. Indianische Reibpfanne Amerikas

Auch die Müllerei der Bibel zu Abrahams Zeiten dürfte auf der Reibplatte aufgebaut sein: Moses I,[4] 18. Kap., V. 6, „Eile und nimm 3 Maß Semmelmehl, knete und backe Kuchen". — „Alle Erst= geburt in Ägypten soll sterben vom Stuhle Pharaos bis auf die Söhne der Magd, die hinter der Mühle sitzt" sagt Moses im II. Buche, 11. Kap., V. 5. Daß es sich hier um Reibplatten handelt, läßt sich allerdings nicht einwandfrei feststellen; der Ausspruch „Du sollst nicht zum Pfande nehmen den untersten oder obersten Mühlstein" läßt

auf größere Bedeutung des Obersteines schließen, was weniger auf den Quetscher hindeutet. Daß der Stein= transport schon damals zu den schwersten Arbeiten des Mühlenbauers gehörte, geht aus Jeremias Klagelieder V 13 hervor (die Juden in baby= lonischer Gefangenschaft, vgl. auch: Buch der Richter, Kap. 16, V. 21, Simson in der Gewalt der Philister).

Ebensowenig wie in Ägyp= ten fand man im alten Grie=

Abb. 9. Ägyptisches Steinbild mit Mörsern (2000 v. Chr.)

---

[1] Siehe auch: Peter Hörter, Vorg. Werkzeuge der Basaltlavaindustrie bei Mayen, im Mannus, Band IX; der schwerste Steinspalthammer, der bisher gefunden wurde, wiegt 25 1/2 Pfund!
[2] Vgl. de Morgan, „Fouilles à Dahchour", Vienne 1903.
[3] Berliner Altes Museum, Ägypt. Plastik; vgl. auch Bennets „History of Corn Milling", Liverpool 1897.
[4] Moses lebte rund 1600 v. Chr.

Abb. 10. Griechische Mörser, Vasenbild, kornstampf. Frauen

chenland Steine mit Öffnungen. Die Mahlarbeit blieb des freien Mannes unwürdig, kein Freier durfte ohne seinen Willen zum Mahlen herangezogen werden. Andernteils besitzt die Müllerei bei den Griechen ein hohes Ansehen, wie aus den Sagen oder dem Beinamen des mächtigsten Gottes Zeus („Der Müller") hervorgeht. Die in der Odyssee[1] VII 104, ferner im 20. Gesang erwähnten Mahlarbeiten sind wahrscheinlich ebenfalls mit der Reibplatte verrichtet worden, die Müllerei kam nicht vorwärts. — Die Reibplatte findet sich als Hausgerät noch heute bei Wilden, sogar in Altrumänien, Albanien, Mexiko[2] usw.

Wenn nun auf die weitere Entwicklung des Reibsteines zum Mahltrog, Mörser usw. eingegangen wird,

soll doch schon jetzt darauf hingewiesen werden, daß technische Erfindungen gerade in den ältesten Epochen oft Jahrtausende nebeneinander bestanden haben, ohne daß ein abgelegenes Land von den Fortschritten des Nachbarn etwas zu erfahren brauchte. Im gleichen Lande haben außerdem verschiedene Geräte oft denselben Zweck verrichtet, es läßt sich also nicht beweisen, daß in der

Abb. 11. Mörser der ersten Kolonisten Amerikas, 17. Jahrhundert

Müllerei ein Werkzeug auch z e i t l i c h das andere ablösen mußte; im Gegenteil, sie haben zeitlich nebeneinander bestanden, wenn auch in wechselnder Bedeutung.

Abb. 12. Holzmörser aus dem heutigen Argentinien

Durch harte Reiber höhlt sich die Reibplatte allmählich aus und wird zur **Reibpfanne.** Das Kieler Museum vaterländischer Altertümer besitzt einen Mahltrog[3] aus Urgermanien, gefunden bei Nienstedten a. d. E. (Abb. 7). Das Korn wird besser zusammengehalten, das Spritzen beim Quetschen eingeschränkt, das Mahlgut zerrieben und abgedreht, der Ober-

---

[1] Homer hat mindestens 400 Jahre v. Chr. „gelebt". [2] E. F i s c h e r, Bukarest, Zeitschrift für Anthropologie; K o m m e r z. = R a t Dr.=Ing. h. c. E. A m m e, „Tasch.=Buch d. Müll.", AGK., Braunschweig 1909, Bild: Maisstampfende Frauen in Mexiko; „Die Erde in einz. D a r s t e l l u n g e n, I. Die Völker der Erde", Stuttgart, Bild: Sulufrauen, Korn mahlend, usw. [3] Größe 46×30 cm.

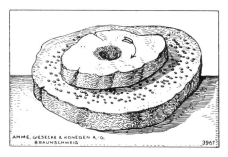

Abb. 13. Drehstein

stein ist abgerundet. Solche Mahlgeräte benutzten in kleineren Formen auch die Ureinwohner Amerikas (Abb. 8).

Zwischen Reibpfanne und **Stoß= mörser** liegt nur ein kleiner Schritt der weiteren Entwicklung. Die Pfanne ver= tieft sich, nicht mehr der ruhende Druck des Reibens ist maßgebend, vielmehr die größere Bewegungsenergie des schweren, keulenartigen Stein= oder Hartholz= stößels. Die Körner werden nicht ge= quetscht, sondern zerschlagen, abgedreht, dadurch schneller zu Mehl vermahlen. Abb. 9 veranschaulicht ein ägyptisches Steinbild aus dem Jahre 2000 v. Chr. (Gräber von Assuan), in welchem links das Stampfen, rechts das Füllen eines Mörsers gezeigt wird. Abermals ist die Leistung erhöht, zumindest beim Vor= schroten (zum Ausmahlen wird noch vielfach der Reibstein benutzt), die ste= hende Bedienung ist angenehmer als die gebückte. Als Material kommen hauptsächlich Steine in Anwendung, vielfach auch Holzstämme, die oben oft enger gehalten sind, um ein Herausfallen spritzender Körner zu beschränken (Ab=

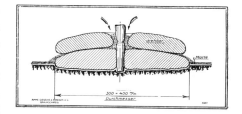

Abb. 14. Querne

bildung 9). Fundstücke aus dem Tempel von Chaldaea (4000 v. Chr.) beweisen das große Alter des Mörsers.[1] Im Ringwall Altenburg fand man eine Holz= keule (1,7 m lang) aus der Vorrömerzeit, in der Saalburg (bei Homburg und Wiesbaden) Mörser aus der Römerzeit (2. Jahr= hundert). Wie sich die ersten amerikanischen Kolonisten im 17. Jahr= hundert zu helfen wuß= ten, um ihr Getreide zu „mahlen", zeigt Abb. 11.

Von einer M e h l s i c h= t u n g im heutigen Sinne ist zunächst nicht zu spre= chen; der gröbste Schrot wird beiseite geschoben, dann durch getrocknete Felle gesichtet, als man das Weben erlernt hatte durch Geflechte von Gras, Ruten, Leinenfasern oder Haaren. Das Hand=

Abb. 15. Vorgeschichtliche Reibplatten und Q u e r n e

[1] Vgl. auch Moses III; XI, 8.

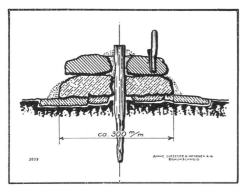

Abb. 16. Handmühle

sieb des uralten Ägyptervolkes (Ab=
bildung 9) wird noch 2000 Jahre
später von den Römern gebraucht.

Aus weichen, sandsteinartigen
Reibern, besonders weicherer Sorten,
brechen zuweilen eingesprengte Kie=
selsteine heraus, die bei geringer
Obersteinhöhe diesem eine durch=
gehende Öffnung geben. Man macht
durch Zufall die Entdeckung, daß
diejenigen verschütteten Körner, wel=
che durch diese Öffnung auf die Reib=
platte fallen, wie die anderen ver=
rieben werden. Schließlich wird ganz auf das Wegschieben des Obersteines
verzichtet, die Reibplatte ausschließlich durch eine künstliche Öffnung des
Obersteines beschüttet, und da dieser für den steigenden Mehlbedarf größer
geworden ist, nicht mehr hin und her geschoben, vielmehr in bequemerer Weise
an Ort und Stelle mit beiden Händen gedreht. Damit war der **Drehstein,** der
Urahne der späteren Mahlgänge, erfunden,
zugleich die erste drehbare Hand=
mühle (Abb. 13).

Eine Verbesserung des Drehsteines ist
die **Querne** (vgl. Abb. 14 und 15), welche
sich von diesem insofern unterscheidet,
daß nun die Drehbewegung des Oberstei=
nes (Läufer) durch einen Holzpfahl oder
durch eine schwach kegelförmige Mahlbahn
begrenzt ist, in der vom Zentrum aus ra=

Abb. 17. Indische Handmühle

dial nach außen hin sich der Steinabstand verringert und damit auch ein besseres
Einziehen der Körner ermöglicht. Der mit Mehl vermischte Schrot tritt an der
äußeren Spalte zwischen den beiden Steinen (30—40 cm Durchm.) hervor und wird
durch eine Matte oder eine Steinunterlage aufgefangen. Wertvoll war die Feststel=
lung, daß schon unsere Vorfahren quarzartiges Material für ihre Steine benutzten,

Abb. 18. Troghand=
mühle, Unterstein

wie die brüchige Beschaffenheit des Läufers in der Mitte
der 15. Abb. zeigt. Nach der Querne, welche spätestens um
die La=Tène=Zeit über Gallien nach Deutschland kam,[1] wahr=
scheinlich aber älter ist, sind in Niedersachsen verschie=
dene Orte benannt, wie Querum, Quernheim usw. Ein zwei=
tes Holz, das exzentrisch, axial in den Oberstein geschla=
gen wird, macht die Querne zur vollständigen **Handmühle**[2]

[1] Der ursprüngliche, allgemein germanische Name für die Handmühle ist gotisch quaírnus, alt=
nordisch kvern, angelsächsisch cweorn, altfriesisch quern, altsächsisch querna, mittelniederdeutsch
querne. Später wird durch die volkslateinische Bezeichnung molina (mittelhochdeutsch müline, mülne,
müle) der alte Name Querne vollständig verdrängt. Die Stadt Hameln hieß einst Quern=Hameln
(Mühle am Flusse Hammel, Stadtwappen mit Mühlstein); der Name Querner „Müller" ist heute noch
in Niedersachsen zu finden.

[2] Die älteste Beschreibung ist wohl Virgils (?) Moretum (Gedicht); nach Bennet sind vor dem
3. Jahrhundert keine drehbaren Mühlen in Italien bekannt.

Abb. 19. Troghandmühle in Palästina

und erleichtert die Drehbewe= gung, die sich nun auf den ganzen Umfang erstreckt (Ab= bildung 16); die Querne dage= gen wurde mit beiden Händen bedient und ließ nur Dreh= schwingun= gen bis ca.180° zu. Handbe= dienung durch ein senkrechtes Holz, welches im Zentrum des Oberstei= nes festgehalten wird und oben zum Drehen ein durchgestecktes Querholz oder einen Ring trägt, scheint weniger in Ge= brauch gewesen zu sein,[1] trotz= dem verschie= dene sprach= liche Andeutungen auf diese Anwendungsform hinweisen; man muß sich vor= stellen, daß die großen Steine auf diese Art schwer und umständlich angetrieben werden. Die Handmühle mit obigem Handantrieb dagegen ist noch heute in Asien und Afrika in Verwendung, wo sie im Haushalt so unentbehrlich ist wie bei uns die Kaffeemühle (Abb. 17).

Eine Vervollkommnung der gewöhnlichen Handmühle bildet die **Trog= mühle** (Abb. 18); der Bodenstein umschließt seitlich den Läufer, gibt diesem dadurch Führung und liefert außerdem ein Sammelbecken für das Mahlgut, wodurch auch eine Vermahlung öliger Früchte möglich wird. Eine Ausbuchtung

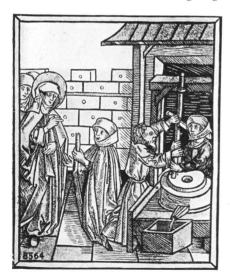

Abb. 20. Troghandmühle des Mittelalters, aus „Conradius Baumgarthen", die große Le= gende der heiligen Frauen (etwa 1500 n. Chr.)

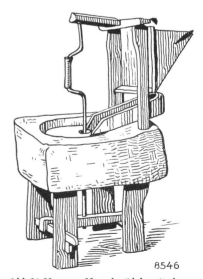

Abb. 21. Husumer Handmühle mit oberem Kurbelwellenantrieb (Museum für deutsche Volkskunde, Berlin)

---

[1] Vielleicht sind die „durchbrochenen" Hauenöffnungen der röm. Handmühlsteine damit in Zu= sammenhang zu bringen, vgl. später.

8

Abb. 22. T r o g h a n d m ü h l e mit oberem Kurbelwellenantrieb (Eifel ₌ Museum Mayen; war vor 70 Jahren noch im Gebrauch!)

des Untersteintroges sammelt evtl. das Schrot= gut an (Abb. 19). Solche Troghandmühlen finden sich bei uns noch im 19. Jahrhundert in der Senffabrikation (Abb. 23); an Stelle der Ausbuchtung ist hier seitlich eine Nase zur Ableitung des Senfschrotes vorgesehen. Die Bedienung der gewöhnlichen Handmühlen und Trogmühlen kann auch durch eine D r e h = s c h w i n g e geschehen, wie dies mit Vorliebe im Mittelalter (Abb. 20) oder noch in Rußland geschieht, bzw. durch eine K u r b e l w e l l e, die von oben her den Läufer[1] antreibt (Abb. 21 u. 22). Auf die römischen Handmühlen kommen wir später zurück. Bedeutend verbesserte Formen, die mit Unterantrieb versehen sind, tauchen im Mittelalter auf und werden dort beschrieben.

Ein Heranziehen von Tieren zur Mahl= arbeit war erst durch die gleichartig dre= hende Steinbewegung möglich; der Läufer wurde zu diesem Zwecke mit einer Deichsel verbunden. **Tiermühlen** (Abb. 35) sind neben den erwähnten Handmühlen ebenfalls noch im Orient anzutreffen, namentlich in trockenen Gegenden oder wo das Wandern der Volksstämme, sei es wegen mangelnden Weide= plätzen oder kriegerischen Maßnahmen, üblich ist.

Wir müssen uns nun fragen, in welchen Bah= nen sich die Entwicklung der **Tiermühle zum wasserbetriebenen Mahlgang** des Mittelalters be= wegt hat, und wollen deshalb versuchen, an Hand der fast einzigen Quelle, aus der hier technisch zu schöpfen ist, den A u s g r a b u n g e n a u s d e r R ö m e r z e i t und der sie ablösenden germanischen Epoche die Zwischenglieder zu rekonstruieren.

Die Römer brachten als erstes Volk die Müllerei vorwärts; sie unterschieden bei ihrem Untergang in den ersten Jahr= hunderten nach Christo bereits drei Arten Mühlen:

1. die Handmühlen (molae manuariae),
2. Tiermühlen (molae iumentariae und asinariae),
3. Wassermühlen (molae aquariae),

von denen die Wassermühlen später be= trachtet werden sollen. Unter Tiermühlen werden alle mit Deichsel versehenen Bau=

Abb. 23. T r o g h a n d m ü h l e des 19. Jahr= hunderts (Senffabrikation). (Braunschw. Städtisches Museum)

---

[1] Siehe auch Dr. F. Fuhse, ,,Beiträge zur Braunschweiger Volkskunde''.

9

arten verstanden, die auch von Menschen (strafweise, durch Sklaven z. B.) betrieben werden können.

Man unterscheidet allgemein Tier= und Handmühlen der Römer mit

    a) flachen oder schwach koni= schen Steinpaaren,

    b) Sanduhrform (stark koni= sche Bauart).

Abb. 24. Troghandmühlen aus dem Weltkriege 1914 bis 1918 (waren verboten; Eifel=Museum Mayen)

Die Sanduhrform ist durch die Verschüttung Pompejis im Jahre 79 n. Chr. erhalten geblieben. In Abbildung 26 sehen wir die Fundstelle, einen Bäckerhof mit Backofen (links). Der Bodenstein ist ein Vollkegel, der Läufer ein doppelter Hohlkegel, dessen obere Hälfte als Getreiderumpf dient. Eine Scheibe mit fünf Löchern, wovon das mittelste den Zapfen des Unter= steines trägt, hält den Läufer in entsprehenden Abständen vom Bodenstein (durch auswechselbare Zapfen möglich), so daß nach Bedarf hoch oder flach ge= mahlen werden kann. Wahrscheinlich wurden beide Läuferhälften zum Mahlen benutzt. H. Jacobi bezweifelt im Saalburgjahrbuch 1912 (Röm. Getreidemühlen) mit Recht den Deichselantrieb der z. T. sehr eng aneinanderstehenden Gänge; dieser Ansicht kann man sich anschließen. Sie wurden vielleicht von einem Ober= boden gemeinsam durch horizontale Zahnräder oder durch ein Parallelkurbel= getriebe (siehe Lokomotive!) von einer Stelle aus betrieben.

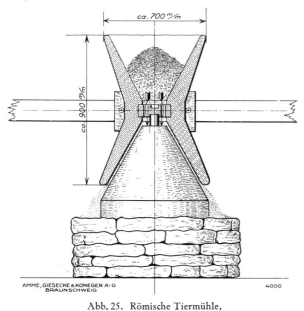

Abb. 25. Römische Tiermühle, Pompejanischer Mahlgang (79 n. Chr.)

[1] Weit über 100 Steine.

Die römischen Mühlen mit flachen oder schwach= kegeligen Steinen lassen sich am besten aus den Aus= grabungen römischer Siede= lungen und Soldatenlager (Kastelle) in Germanien re= konstruieren; die zahlreichen Funde im Trierer Land, Worms, Saalburg,[1] Straßburg usw., sind übrigens insofern noch inter= essant, als sie alle auf ger= manischem, keltischem Boden (Mayengau, selten Vogesen) hergestellt sind. Will man sich ein Bild über den Antrieb der römischen Mahlsteine machen, so sind zunächst kritisch alle jene Steine auszuscheiden, welche als abgebraucht oder Ausschuß weggeworfen wur=

Abb. 26. Bäckerhof Pompejis, Ausgrabung

den. Ein mit Schiff ver=
sunkener spätantiker
Mühlsteintransport[1]
rheinaufwärts von der
Eifel aus nach Straßburg
läßt die Steine (40—50
cm Durchm.) am besten
in ihrer ursprünglichen
Form erkennen. Die eine
Seite derselben (Stärke
7—9 cm) ist unbehauen,
die andere mit gerader
Felderschärfe versehen,
die unregelmäßigen zentra=
len Löcher sind 2$\frac{1}{2}$—5 cm
im Durchmesser; alles
übrige Zurichten über=
ließ man demnach den

Militär= und Zivilbäckern Straßburgs, für welche der im Nebenfluß des Rheins,
der Ill, versunkene Transport bestimmt war. Es handelt sich hier jedenfalls
um Steine für Handmühlen. Lange Zeit hindurch erhielten die römischen
Soldaten nur rohe Frucht, die sie selbst in den Handmühlen der Standlager
oder auf fahrbaren Kriegsmühlen[2] mahlten. Steine von rund 50—80 cm Durch=
messer wurden nur in den Bäckereien verwendet (Großbetrieb); über Durch=
messer von rund 80 cm hinaus sind mir keine römischen Mahlsteine bekannt.

Bevor wir an die Rekonstruktion der römischen Tiermühle herantreten —
die als Zwischenglied zwischen der Handmühle und dem „Deutschen Mahl=
gang" in der deutschen und europäischen Müllereigeschichte zu gelten hat —,
sehen wir uns zunächst die großen Mühlsteine des römischen Germaniens
näher an. Abbildung 31 zeigt einen Läufer (catillus) von 80 cm Durchmesser,
10 cm Höhe und 13 cm Steinaugendurchmesser aus dem Provinzialmuseum
Trier, die darauf folgende Abbildung einen Bodenstein (meta). Am Catillus

Abb. 27. Relief der pom=
pejischen Tiermühle
(Vatikan)

fällt sofort an der Unterseite die schwalbenschwanz=
förmige Doppelöffnung für die zweiflügelige Haue auf
und die beiden Löcher auf der Oberseite, welche (im
Bilde nicht erkenntlich) eingebleite Eisenhakenreste ent=
halten. Die Hauenöffnungen gehen oft durch den ganzen
Läufer, auch bei kleinen Mühlsteinen; wahrscheinlich
sind diese Stellen durchbrochen, denn die Steine sind
oft sehr dünn. Der Unterstein ist wie der Läufer meist
an beiden Seiten konisch (vielfach unten unbehauen und
eben wie in der Saalburg), er findet also später evtl. als
Läufer Verwendung, was man durch beiderseitige Schärfe
gelegentlich bestätigt findet. Die Mahlbahn der großen
Römersteine dürfte allgemein konisch gewesen sein

[1] Anzeiger für Elsässische Altertümer 1911, Nr. 7 und 8.   [2] Vgl. Plutarch, vit. Ant. cap. 45.

11

(wegen der Führung), die kleinen Steine mit flacher Mahlbahn meist in Troghandmühlen Anwendung ge= funden haben. Über die oft kleine Öffnung im Boden= stein später noch einiges!

Wie die Haue und Mühlspindel (Mühlachse oder Spureisen) beschaffen war, ist nicht klar ersichtlich, wahr= scheinlich bestanden sie aus Eisen, was aus Funden der Saalburg (Mühleisen mit fester zweiflügeliger Haue, Achs= länge über 80 cm, Abb. 48) zu verallgemeinern sein dürfte. Nach Abschluß dieser Arbeit ging dem Verfasser von H. Jacobi ein Bild einer Saalburg=Handmühle zu, eine Rekonstruktion, der nur zuzustimmen ist; die Mühl= spindel ist hebbar (Abb. 28).

Abb. 28. Römische Kom= paniehandmühle mit Drehschwinge (Rekon= struktion Saalburg)

Wie haben nun die **großen römischen Mühlen**, die Tiermühlen, in Wirklichkeit ausgesehen? Das Saal= burgmuseum hat auf Grund eines gefundenen Zahnritzels (Abb. 49, Triebstockzahnrad aus zwei eichenen Holz= scheiben von 20 cm Durchmesser und sechs runden, 3 cm starken, an den Enden vierkantigen Eisenbolzen bestehend), von Mühl= eisen und fester Haue und Spureisen, gestützt auf Vitruvs Wassermühlen= beschreibung, einen Mahlgang rekonstruiert, welcher für Handkurbelantrieb vor= gesehen ist. Der Antrieb ist sehr gut durchgedacht, doch ist, trotz der billigen Menschenkraft, nicht an eine **allgemeine** Verwendung solcher Mühlen zu denken, zumindest nicht in den weniger besiedelten Gebieten, denn die Be= tätigung war zu anstrengend (3—4 Sekunden für eine Umdrehung), die horizontal gelagerte Kurbelwelle für solche Leistungen und Menschenantrieb viel zu un= handlich. Zutreffend ist wohl die Rekonstruktion für Wassermühlen mit hori= zontal gelagertem Wasserrad (vgl. später: Zeitalter der Wasserrad und Windmüh= len); nicht ganz von der Hand zu weisen ist ferner die Anwendung der **Kurbel= mühle** für kleinere Steindurchmesser, wie in späteren Jahrhunderten üblich (vgl. Bennet, History of Corn Milling 1897). — Die großen römischen Mahlsteine dürften in den römischen Kastellen (ohne Flußwasser) hauptsächlich von **Tieren im Göpel** angetrieben wor= den sein, und zwar mit oder ohne horizontalen Zahn= rädervorgelegen. — Wahrscheinlich sind die gefundenen Läufer ohne Deichselhaken= löcher, soweit nicht unge= braucht, mit Zahnrädern, die mit Löchern entsprechend ohne Zahnräder betrieben worden. Auf die mögliche Entgegnung, daß die Ha= kenlöcher im Oberstein all= gemein für Ringe zum Ab= heben oder für die Bütten= befestigung bestimmt wären,

Abb. 29. Römisch=germanische **Handmühle** (aus den ersten Jahrhunderten n. Chr.)

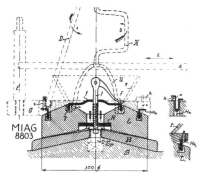

Abb. 30. Rekonstruierte Antriebe zu Bild 29

ist zu erwidern, daß einwandfrei der Name von Roßmühlen überliefert ist, daß Pompeji seine Sanduhrgänge mindest z. T. mit direkter Deichsel antrieb, die Steine nicht zu schwer sind, um sie auch ohne Kran abzuheben; und über die Büttenbefestigung ist zu sagen, daß diese ja nur auf langsamlaufenden Steinen möglich ist (also bei direktem Deichselantrieb), während die schnellaufenden Läufer (Zahn=radübersetzung) eine feststehende Bütte ver=langen, die man außerdem noch mit einem Rüttelwerk (mit Rührnagel) versieht, um das Mahlgut automatisch zuzuführen. Gegen die Häufigkeit des Deichselantriebes ohne Zahnradübersetzung spricht allerdings die geringe Leistung.

Wie die Haue und das Mühleisen der langsamlaufenden römischen Tiermühle (ohne Zahnräder) beschaffen war, ist nicht festzustellen; die meist kleine Untersteinöffnung macht eine drehende Mühlachse unwahrschein=lich, denn sie läßt sich in dieser Öffnung nicht lagern (Buchse), und unter den Steinen wäre die Lagerung unzugänglich. Deshalb dürfte, ähnlich wie bei den Handmühlen (mit Trog) vorgefunden, der Zapfen erstens kurz, dann festgestanden haben, allerdings z. T. heb= und senkbar. Die in Abb. 33 gezeigte Rekonstruktion der langsamlaufenden römischen Tiermühle wird der Wirk=lichkeit nahekommen. Allerdings könnte der Unterbau auch gemauert, die Lüftvorrichtung (Heben des festen Zapfens) in etwas anderer Weise vor=genommen worden sein.

Die Anordnung der schnellaufenden Tiermühle ist in Form von Abbildung 34 am wahrscheinlichsten. Zunächst war hier Unterantrieb (Zahnrad) einzurichten, also ein drehendes Mühleisen mit Spur vorzusehen.[1] Die Lei=stung wurde mit einem großen Zahnrad bis 2 m Durchmesser gegenüber der langsamlaufenden Roßmühle rund zwan=zigmal größer! Ohne Einschaltung einer zweiten Übersetzung wäre ein großes Zahn=rad von rund 10 m Durchmesser nötig ge=wesen, um auf unsere

Abb. 31. Römisch=germanischer Mahlgang, ein Läufer von oben und unten gesehen (Maße in cm)

---

[1] Nicht ausgeschlossen ist Oberantrieb, ähnlich wie in Abbildung 95, wobei das kleine Zahnrad dann nicht am Mühleisen, sondern auf einer zweiten Welle sitzt, die mit dem Oberstein in Ver=bindung steht.

heutigen kleinsten Mahlgangsleistungen (800 Durchmesser) zu kommen; abgesehen von einer äußerst schwierigen Konstruktion derartiger Riesenräder nach antiker Bauart hätte dann das Pferd auf einem tiefer= oder höher=liegenden Boden (unter oder über Zahnrad Z) laufen müssen. Die heutige hohe Drehzahl ist aber unmöglich, weil das Triebstockrad der Römer am Mahlgang die entsprechenden großen Geschwindigkeiten und Leistungen auf längere Zeit technisch gar nicht über=trägt, womit bewiesen ist, daß die Rekon=struktion in Abb. 34 der schnellaufenden römischen Roßmühle entsprechen muß, also ein kleineres Zahnrad Z von nicht über 2 m Durchmesser in Frage kommt. Da es auch

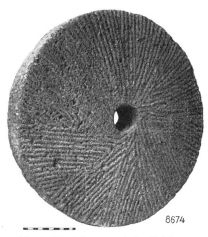

8674

Abb. 32. Römisch=germanischer Mahlgang, ein **Bodenstein** von oben gesehen

große römische Mahlsteine mit **größerem** Steinauge im Bodenstein gibt, ist die Buchslagerung nach der Rekonstruktion des Saalburgmuseums (vgl. Abb. 50) auch für die Schnelläufer=Tiermühle in den meisten Fällen als richtig anzusehen.

Die beiden Abbildungen 31 und 32 zeigen Tiermühlenschärfen für Rechts=drehung, und zwar der Läufer eine gerade Strahlen=, der Bodenstein eine gerade Felderschärfe. Den Römern ist also die Bedeutung des Zugkreises für den radialen Mahlguttransport bekannt; die schmalen, zahlreichen, prozentual mit den Luftfurchen fast gleichen, wenig hohen Mahlbalken sind typisch für die Flachmüllerei. Noch besser wäre allerdings die Bogenschärfe geeignet, und — wer staunt da nicht! — auch sie findet sich unter den großen römischen Steinen, sie ist also kein Geistesprodukt des späteren Wassermühlenzeitalters, was man anzunehmen vielfach geneigt ist; der Streit unserer Müller noch vor 50 Jahren, ob die oder jene Schärfe große Vorteile brächte, ist also min=destens 2000 Jahre alt und zwecklos gewesen; es kommt eben weniger auf die absolut richtige Form als auf die Instandhaltung an.

Viel zahlreicher als die römischen **großen** Mühlsteine sind diejenigen der **kleinen Handmühlen**. Sie wurden auf Stein= oder Holzfundamenten aufgebaut, Durchmesser 25—50 cm, und haben gewöhnlich konische, bei Trog=mühlen flache Mahlbahn; der Oberstein hat oben für Eisenhaken meistens keine Löcher und ist seitlich vielfach mit prismatischen oder runden Ein=lassungen für einen radialen Hebel versehen. Diese deuten darauf hin, daß der Läufer mit der Hand hin und her gedreht wurde (z. B. kleine Gewürz=

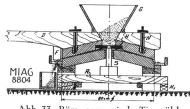

Abb. 33. Röm.=germanische Tiermühle, Langsamläufer (Rekonstruktion)

mühlen) oder durch eine Drehschwinge eine gleichgerichtete Drehung erhielt. Die Stange der Drehschwinge griff in diese Öffnung oder den Hebel ein. Dieser Antrieb stellt wohl die normale römische Handmühle vor, zumal die Felderschärfe auf konstante Drehung hinweist; es gibt aber auch strahlig geschärfte Steine mit einem ganz kleinen Zugkreis, also kleinem Scheren=

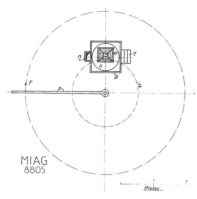

Abb. 34. Röm.=germanische Tiermühle,
Schnelläufer (Rekonstruktion)

schnittwinkel; diese sind dann eher für Hin=
undherdrehung geeignet. Abb. 28 zeigt eine
Saalburg=Rekonstruktion mit Drehschwinge,
Abb. 29 einen Fund des Trierer Museums —
wohl etwas jüngeren Datums — und Abb. 30
den mutmaßlichen Antrieb (Rekonstruktion)
durch Drehschwinge (1), Hebelschwinge (2),
letztere mit oder ohne Zuggerät E, A, ferner
direkten Kurbelwellen=Oberantrieb (3); (1) ist
wegen der Schärfe unwahrscheinlich, (3) am
wahrscheinlichsten, da der Oberstein insgesamt
vier Löcher enthält — sofern es sich nicht um
zwei Paar Löcher handelt, die n a c h e i n a n d e r
denselben Zweck erfüllten, d. h. den Führungs=
bügel für die Lüftschraube zu halten. In Tonkin wird mit dem erwähnten
Zuggerät und Hebelschwinge noch heute Reis geschält, die Frau steht einen
Schritt von der Mühle entfernt und schiebt eine Stange (Zuggerät) nur vor
und zurück. Bemerkenswert ist die mittels Schraube einstellbare „Lüftung"
des Läufers; die Befestigung des Hebelholzes auf dem Läufer mittels Haken
(diese sind hier sehr tief eingeschlagen) konnte auf verschiedene Art er=
folgen.

Die ersten Jahrhunderte n. Chr., etwa bis 5. J a h r h u n d e r t, mit der aus=
sterbenden römischen und sie ablösenden germanischen, deutschen Kultur ver=
fügten somit über f o l g e n d e M ü h l e n k o n s t r u k t i o n e n :

1. Kleine Handmühlen für die Küche (20—30 cm Durchmesser),

2. Größere Handmahlmühlen für den Haushalt (30—50 cm Durchmesser),

3. „Kleinmühlen" (Tiermühlen mit Langsamläufern, 60—80 cm Durchmesser),

4. „Großmühlen" (Schnelläufer mit Zahnrädern, 60—80 cm Durchmesser,
a. Tiermühlen, b. Wassermühlen, c. Kurbelmühlen).

Auch Tretmühlen (Langsamläufer und Schnelläufer) dürften den technisch
gutgeschulten Römern nicht unbekannt gewesen sein.

Ö f f e n t l i c h e r ö m i s c h e M ü h l e n kommen erst 385 n. Chr. unter den römi=
schen Kaisern Honorius und Arka=
dius auf. Menschenantrieb war noch
unter Constantin (319 n. Chr.) in Rom
gebräuchlich, da dieser Mühlenskla=
ven aus Sardinien herbeiholte.

Der **germanisch=deutsche Müh=
lenbau** hatte schon bei Eintritt seiner
Völker in die christliche Kulturwelt
ähnliche Konstruktionen aufzuwei=
sen wie der bald absterbende rö=
mische Kolonialstaat. So besitzen wir
z. B. von den W e s t g o t e n, die einst
ihren Sitz zwischen Pruth, Bug und

Abb. 35. Orientalische Tiermühle der Gegenwart,
Langsamläufer

15

Dnjestr (Rußland) aufgeschlagen hatten, eine Bibelübersetzung des ersten west=
gotischen Bischofs Ulfilas (341 n. Chr.); in diesem für die westgotische Kultur
und Sprache wichtigen Schriftdenkmal wird die Tiermühle erwähnt (asilu=
quaírnus = Eselsmühle, Mark. IX, 42).

Das fränkische[1] Volksgesetz „Lex salica" zuletzt, das bis etwa 450 n. Chr.
reicht, spricht schon von Wassermühlen. Die karolingische Zeit, 830 n. Chr.,
unter Kaiser Ludwig, bringt einen Lageplan des Klosters von St. Gallen, in
welchem neben einer großen Küche und Bäckerei eine Mühle skizzenhaft
eingezeichnet ist, keine Wassermühle, weil das Gelände dafür nicht vorgesehen
war. Sie besteht aus zwei Gebäuden, die eine mit Stampfern (pilae) und die
andere mit Mahlsteinen (Handmühle, molae). Im Vorraum schlafen die Knechte.
Auf andere deutsche Tier= und Handmühlen, die späteren Jahrhunderten an=

Abb. 36. Arabische Tiermühle der Gegenwart, Schnelläufer

gehören, kommen wir im nächsten Abschnitt zurück, in welchem ein neues
Zeitalter des Mühlenbaues zur Besprechung gelangt, die allgemeine Einführung
der Wasserräder und die freiere, gewerbliche Mahlgangsmüllerei.

Die Leistung der Hand= und Tiermühlen konnte nur gering sein, sie
dürfte bei Handmühlen noch nicht einmal 10 kg Flachschrot in der Stunde
betragen haben, bei Tiermühlen, soweit Langsamläufer nicht mehr, bei Schnell=
läufern gegen 50 kg, je nach Feinheit des Gutes, Drehzahl oder Übersetzung.
Wenn die Saalburg mit sechs Mann durch ihre rekonstruierte Schnelläufer=
Kurbelmühle 100 kg erreicht hat, ist das eine Ausnahmeleistung.

Um den Flachschrot zu sichten, schüttelten die Römer das Mahlgut durch
Handsiebe (criba excussoria und criba pollinaria, letzteres für Mehl); auch
besaß man bereits vier Mehl= und eine Kleiesorte und unterschied die Mahl=
wirkungen verschiedener Steinsorten.

Mit dem Untergange des Römerreiches etwa um das Jahr 450 n. Chr.
schließen wir den ersten Abschnitt der Müllereigeschichte.

Abb. 37. Einstige obere und untere Wasserradmühle in Pallien bei Trier (Lithogr. v. Stanfield)

17

2. Das Zeitalter der Wasserrad= und Windmühlen

Erst die allgemeine Nutzbarmachung des Wassers und Windes konnte dem Mühlenbau zu weiterem Fortschritt verhelfen. Von nun an wird die Müllerei zum selbständigen Gewerbe mit besonderem Rechtsschutz (Wasserrecht, Mahl= zwang, Mühlenregal, Bannmühle), sie bleibt nicht mehr Hausarbeit und Neben= beschäftigung der Bäckerei, ja, sie erhält sogar durch ihre größere maschinelle Anlage als erste „Fabrik" der damaligen Zeit eine bevorzugte Stellung unter den Gewerben.

Ebensowenig wie man von einer genauen Ablösung der Entwicklungs= formen in den Konstruktionen der Hand= und Tiermühlen sprechen kann, ist auch die Einführung der Wasser= und Windmühlen nicht plötzlich ge= kommen, und es ist wahrscheinlich, daß schon viele Jahrhunderte v. Chr. namentlich in Asien Wassermühlen bekannt waren, schon vor dem römischen Kriegsbaumeister M. Vitruvius Pollio, der zu Beginn unserer Zeitrechnung unter Imperator Cäsar eine Wassermühle beschreibt; doch soll schon Mithri= dates der Große, König von Pontus, geb. 132 v. Chr., Besitzer einer Wasser= mühle gewesen sein. Mithridates wurde 61 v. Chr. von den Römern besiegt; vielleicht wurden die Römer auf diesem Wege mit den Wassermühlen bekannt. Daß die Spartaner (nach Pausanias) bereits 1500 v. Chr. die Erfinder der Wasser= mühle gewesen seien, ist nicht glaubwürdig. Vitruv gibt um das Jahr 20 v. Chr. erstmalig eine technische, wenngleich unvollständige Beschreibung einer solchen Mühle, und es sei deshalb aus seinen „10 Büchern über Architektur", 10. Buch, V. Kapitel, 2. Teil die Übersetzung wörtlich angeführt. Zuvor spricht er im IV. Kapitel von Schöpfrädern zum Treten, im V. Kapitel, 1. Teil von Schöpf= rädern mit Schaufelantrieb und fährt dann fort (Deutsche Übersetzung nach Dr. Franz Reber,[1] a. o. Professor der Archäologie in München):

„Auf dieselbe Weise werden auch die Wassermüh= len angetrieben, bei welchen sonst alles dasselbe ist mit Ausnahme des Umstandes, daß an einem Ende der Welle ein Zahnrad läuft. Dieses aber ist senkrecht ge= stellt und dreht sich gleichmäßig mit dem Schaufel= rade in derselben Richtung. In dieses eingreifend ist ein

Abb. 38. Inneres einer alten deutschen Wasserralmühle

---

[1] In diesem Jahre erscheint von W. Sackur ein neues Buch: „Vitruv. Technik und Literatur", Berlin, Ernst & Sohn, welches z. Zt. leider noch nicht vorliegt, um es hier näher berücksichtigen zu können.

Abb. 39. Turbinenmahlgang; Malerei aus der Zeit der Hussitenkriege um 1430. Ein Papst soll der Erfinder sein

kleineres zweites Zahnrad wagerecht an= gebracht, welches in einer Welle läuft, die am oberen Ende einen eisernen Doppel= schwalbenschwanz (subscus) hat, welcher in den Mühlstein eingekeilt ist. So zwingen die Zähne jenes an die Welle angefügten Zahnrades dadurch, daß sie, in die Zähne des wagerechten Zahnrades eingreifend, dieses treiben, die Mühlsteine zur Um= drehung; die über dieser Maschine hän= gende Gosse gibt den Mühlsteinen immer das Getreide zu, und durch dieselbe Um= drehung wird das Mehl gemahlen."

Wie uns diese Übersetzung sagt, be= sitzt die Mühle ein **horizontal gelagertes Wasserrad,** welches durch Zahnräder die senkrechte Welle eines Mahlganges in Um= drehung versetzt. Über die Form der Steine sowie die Art des Antriebes, d. h. über die Frage, ob der obere oder untere Stein angetrieben wurde, ist nichts gesagt, sie ist aber durch die letzten Betrachtungen für den Oberläuferantrieb ent= schieden (vgl. Abb. 50 aus dem Saalburg=Jahrbuch 1912, H. Jacobi, Römische Getreidemühlen). Reber gibt seiner Übersetzung ein im Prinzip richtiges Bildchen bei, aber der pompejanische Mahl= gang mit Unterstein=Kegelantrieb scheint auch für das übrige Römerreich Phantasie.[1] Das hat bereits Th. Beck, Beiträge zur Ge= schichte des Maschinenbaues 1899 richtig= gestellt (die französische Vitruv=Ausgabe von Choisy bringt den alten Irrtum, d. h. die pompejanischen Mahlgänge). Durch die besprochenen Funde der Saalburg hat es sich eindeutig herausgestellt, daß als Vorgän= ger des „Deutschen Mahlganges" der Wasser= mühlen zunächst der „Römisch=germanische Mahlgang" anzusehen ist, n i c h t die Sand= uhrform.

Nach der „Mosella" des Decimus Ma= gnus Ausonius (geb. 310 n. Chr.), einem Lob= liede des römischen Gelehrten und späteren Konsuls auf die Mosel, das er gelegentlich der Rückreise von einem Feldzuge gegen die

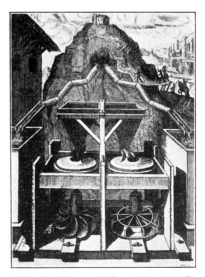

Abb. 40. Wassermühle mit zwei senk= recht gelagerten Wasserrädern aus dem Jahre 1617

[1] Es ist immerhin nicht ausgeschlossen, daß die pompejanische Wassermühlen=Steinform als Selten= heit noch auftaucht. Für Mitteilungen über derartige Funde aus der Römerzeit und sonstige Varianten ist der Verfasser dankbar.

germanischenAlemannen wahrschein=
lich in Trier verfaßte, standen im
Jahre 368 an den Nebenflüssen der
Mosel, der Kyll und Ruwer, Wasser=
mühlen. Es ist wohl die älteste
Nachricht von Wassermühlen auf
deutschem Boden: „Und auch der
reißende Kelbis (Kyll!), der marmor=
berühmte Erubris[1] / Eilen mit die=
nenden Wassern sich bald in dein (der
Mosel!) Bett zu ergießen: / Weithin
bekannt ist der Kelbis durch treffliche
Fische, doch jener / Dreht die zermal=
menden Steine der Ceres[2] in wirbeln=
dem Schwunge / Und durch die Glät=
te des Marmors bewegt er die ächzen=
den Sägen, / Daß ein beständiges Lär=
men an jedem der Ufer er wahrnimmt."

Abb. 41. Senkrecht gelagertes Wasserrad

Zwei Jahrhunderte nach der Moselreise des Ausonius, um 567 n. Chr. —
längst war die blühende römische Welt an der Mosel und Rheinprovinz in
Trümmern versunken — besuchte der Bischof Poitiers Venantius Fortunatus
die Mosel, der schon Hunderte von Mühlen erwähnt. Venantius Fortunatus
verfaßte 567 auch das Hochzeitslied der Fürstin aus dem Westgotenland, der
es so gut in der alten Stadt Worms gefiel —
der Brunhilde im Nibelungenlied.

Von Rhein und Mosel aus haben sich
die Wassermühlen in alle benachbarten
deutschen Gebiete verbreitet, so spricht die
Lex salica (rund 450 n. Chr.) von Wasser=
mühlen mit Stauwerk und einer senkrech=
ten Welle (Mühleisen), an dem das Getriebe
sitzt; die fränkischen[3] großen Lagerbücher
der gallischen Abteien erwähnen Wasser=
mühlen in fast allen Testamentsformeln;[4]
der Bischof Theoderich (793 n. Chr.) ver=
schenkt die Einkünfte der Wasserrente aus
der heutigen Ehranger Walzenmühle W. Sei=
fer & Co. an das Kloster St. Marien in Trier
(die Mühle ging 1817 in Privathand über,
und die Wasserrente wurde erst 1910 abge=
löst!), und nach dem Jahre 1100 steht in
Braunschweig als Klostereigentum die Egi=

Abb. 42. Turbinen=Schrotkollergang mit
Übersetzung ins Langsame

---

[1] Das ist die heutige Ruwer, bekannt durch ihre Weinberge, welche in der Nähe von Ehrang beim
Dorfe Ruwer in die Mosel fließt; hier wird noch heute Marmor gebrochen. [2] Göttin der Feldfrucht.
[3] Die Franken, ursprünglich zwischen Rhein und Ems, fielen 240 n. Chr. in das Römerreich ein, wurden
350 Besitzer der Rheinprovinz und durch den Sieg Chlodwigs bei Soissons 486 die Herren über das
frühere römisch=gallische Frankreich. [4] Vgl. Dr. phil. Stephani, Der älteste deutsche Wohnbau.

Abb. 43. Mahlgang mit Stirnräder‑
antrieb, nach Ramelli, um 1600

dienmühle (vgl. W. Görges, Vaterländische Ge‑
schichten der Vorzeit, Braunschweig 1844); eine
Skizze im Hortus deliciarum der Herrad von
Landsberg (Abb. 51), 12. Jahrh. zeigt den Mahl‑
gang mit horizontal gelagertem Wasserrad, wie
wir ihn bereits bei den Römern kennenlernten,
nur mit flachen Steinen, denn der Läufer bleibt
durch die im Auge des Bodensteines festge‑
lagerte Mühlachse (Mühleisen) auch o h n e
Mahlbahnkegel zentral.

Als der Gotenkönig Vitiges 536 n. Chr. Rom
belagerte und die Kanäle verstopfte, drohte in
Rom wegen Stillegung der Wasserzufuhr Hun‑
gersnot. Belisar kam auf den Gedanken, die
Mahlgänge auf die am Tiber verankerten Schiffe
zu setzen, und er gilt seitdem als der Erfinder der
Schiffsmühlen. Derartige Mühlen wurden spä‑
ter auch in Deutschland gebaut, und die letzte
ist im Jahre 1920

auf der Mulde bei Eilenburg durch Brand zerstört
worden. Wie zahlreich dieselben in Deutschland
waren, geht aus einer sächsischen Mühlenordnung
des Kurfürsten Johann Georg II. aus dem Jahre 1661
hervor, worin fünf solcher Schiffsmühlen allein bei
Dresden erwähnt werden (Golis, Kätewitz, Laube‑
gast, Kötzschenbroda, Alt‑Dresden). Eine Schiffs‑
mühle vom Mühlenbaumeister Beyer (1735) zeigt
Abb. 53. Man erkennt das eigentliche Mühlschiff
a, b, c, d und das davon getrennt verankerte Well‑
schiff g, welches die Welle eines 6½ Ellen (rund
4,5 m) hohen, langsam laufenden Wasserrades trägt.
Bei Stillegung wird der Schütz k fallen gelassen,
wodurch „die meiste Krafft

Abb. 44. Kaukasische Gebirgs‑
mühle (Gegenwart)

benommen, daß sie hernach an den inneren Rade‑
Werk leichtlich vollend eingesperret oder gehemmet
werden kann". Schiffsmühlen findet man heute noch
an der Donau und anderen Flüssen des Auslandes. —
Kehren wir zur Geschichte vor 1000 Jahren zurück.

Zweifellos stellen die Schiffsmühlen, wie überhaupt
alle Wassermühlen mit horizontaler Wasserradwelle,
eine weit entwickelte Antriebsform des Mahlganges
dar, und es mußten erst gute Zahnradkonstruktionen
erfunden sein, bevor man an diese schwierige Antriebs‑
form herantrat. Wenngleich uns die Römer in den äl‑
testen Nachrichten den wasserangetriebenen Mahlgang
schon mit „Kegelübersetzung" vorstellen, so ist doch

Abb. 45. Rumänischer Tur‑
binenmahlgang (Deutsches
Museum, München)

Abb. 46. Mühle des Balkans mit senkrecht gelagertem Wasserrade (Gegenwart)

anzunehmen, daß der ursprünglichere Kraftantrieb in dem **zahnradlosen, vertikal gelagerten** und horizontalen, auf dem Mühleisen sitzenden **Wasser= rad** zu suchen ist, den die Griechen wahrscheinlich schon Jahrhunderte vor Christo kannten. Die vertikal gelagerten Wasserräder sind uns besonders wert= voll, da sie die Vorgänger zu unseren Hochdruck=Freistrahlturbinen (Pelton= räder) mit den bekannten löffelförmigen Schaufeln darstellen. Mahlgang sowie Wasserrad erfordern hohe Umfangsgeschwindigkeit, ein hohes Gefälle und daher gebirgige Umgebung, ein Grund dafür, daß sich diese Mühlen nur wenig in Deutschland zeigten, abgesehen davon, daß die Bauart der Schaufeln fehler= haft war, weil ein großer Teil der Energie nutzlos in Wirbeln verlorenging. In Deutschland dürfte der „Turbinenmahlgang" auch deshalb wenig ver= wendet worden sein, weil man die vervollkommnete Form des horizontal ge= lagerten Wasserradantriebes von den Römern übernehmen konnte. In den ältesten gedruckten Büchern sind erstere nur vereinzelt erwähnt, und die Inschrift

Abb. 47. Mühle in Palästina mit mehreren Turbinenmahlgängen
(Gegenwart)

Abb. 48. Römisch =germani= sche Mühleisen vom Zug= mantel (Ausgrabung)

Abb. 49. Römisch-germanisches Mühl-eisentriebrad vom Zugmantel(Ausgrabung)

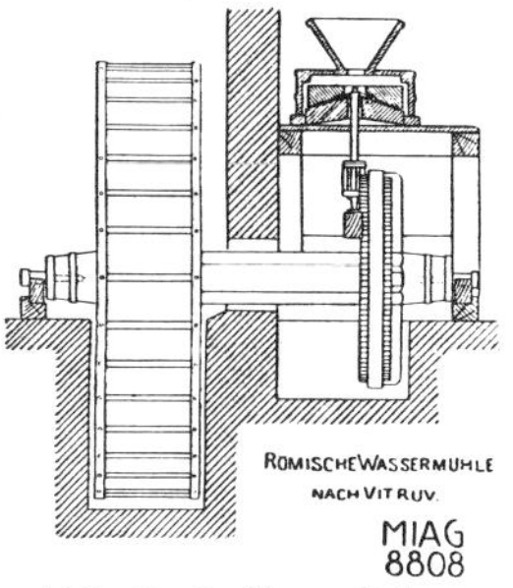

einer Zeichnung der Staatsbücherei in München aus dem Jahre 1430, der Zeit der Hussitenkriege, stellt sie sogar als eine Neuerfindung hin — „ein Papst soll der Erfinder sein" (vgl. Abb. 39). Ähnliche Mahlgänge zeigen auch Abb. 43 und 42, wovon das erste aus dem alten Werke Ramellis stammt, einem der beachtenswertesten Bücher der Ingenieurwissenschaft (rund 1580 n. Chr.), das zweite von Strada à Ros-berg (1617). Beyer beschreibt in seinem „Theatrum Machinarum Molarium" 1735 derartige Mühlen nur wie folgt: „Wir unseren Orts würden unrecht thun, wenn wir von dieser Art Mühlen, die doch in gantz Teutschland nicht gefunden, … große Weitläufftigkeit machen wolten." Im Laufe der Jahrhunderte hat man in der Formgebung der Schaufeln dazugelernt. So zeigt Abb. 42 einen Kollergang mit turbinenartigen Schaufeln, Abb. 41 das Laufrad einer in Serbien bestehenden Mühle (Soko Banja) und Abb. 46 den Mühlenbauer, Baumeister, Müller und Besitzer vor seinem Mühlengebäude. Ein großer Teil des Orients verfügt noch heute über solche seltsamen Wassermühlen, z. B. Palästina (Abb. 47, Jaffa, eine der sieben Mühlen am Jarkonfluß), auch sind sie in den

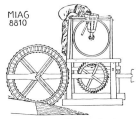

Abb. 50. Saalburg-Rekonstruktion einer römisch-germanischen Wassermühle, im ersten Jahrhundert n. Chr.

Abb. 51. Mühle mit horizontal gelagertem Wasserrad aus dem 12. Jahrh.

Abb. 52. Schiffsmühle am Tiber

23

Forschungswerken Asiens vielfach erwähnt, z. B. durch Dr. A. Tafel, „Meine Tibet= reise", Seite 246, I; gerade die Feststellung, daß Tibet derartige Mühlen als ein seit Jahrtausenden abge= schlossenes Kulturland so zahlreich besitzt, stützt un= sere frühere Behauptung, daß der Turbinenmahlgang die älteste Wassermühle ist. Eine ältere Beschreibung, die recht eigenartige „Mühl= steine" erwähnt, ist im „Neuen Hannoverschen Magazin", 12. Jahrg. vom Jahre 1802 zu lesen, welches eine „Baschkirische Mühle" behandelt: „Die Baschkiren[1] haben, wie Pallas erzählt, Mühlen von ganz besonde= rer Bauart, und die eine Erfindung dieser Nation sind. Sie wählen, um nicht viel Mühe zu haben, dazu die kleinsten Bäche, flech= ten alsdann einen Zaun von Korbwerk, den sie mit Erde bewerfen, und damit oder mit einem ordentlichen klei= nen Damm von Faschinen den Bach anschwellen. An

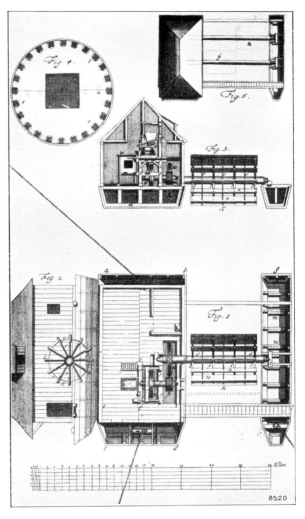

Abb. 53. Deutsche Schiffsmühle nach 1700

dem Damm zimmern sie auf Pfählen eine kleine Hütte, in welcher auf einer Zimmerung, die wie ein Tisch in der Mitte frei steht, und eine Einfassung hat, die Mühlensteine ruhen. Niemals sind diese von Stein, sondern es sind runde,

Abb. 54. Außen=Längsansicht einer Schiffsmühle

aus einer harten Wurzel oder Klotz gehaue Teller, in wel= che viele platte eiserne Nägel ohne gewisse Ordnung einge= schlagen sind, doch so, daß sie alle vom Mittelpunkt nach dem Umkreis mit der Länge ihres hervorragenden Teils ge= richtet sind. Der untere höl=

[1] Türkisch = mongolisches Mischvolk (Mohammedaner) im europäischen Rußland.

Abb. 55. Oberschlächtige Wasser=
mühle mit Beutelkasten (nach Strada à
Rosberg 1617)

zerne Mühlstein liegt auf der Zimmerung unbeweglich; der obere aber kann aufge= hoben werden und wird durch die Achse des Mühlenrades bewegt, welche durch den Mittelpunkt der unteren Scheibe hervorragt und mit einer eisernen Krücke in einen Ein= schnitt des durchlöcherten Mittelpunktes der oberen Scheibe greift. Diese Achse ist ge= meiniglich aus einem Baume also gezimmert, daß der unterste Teil wie ein Kolben rund und dick gehauen ist, so daß darin viele platte, an einer Seite etwas ausgehöhlte Flügel oder Schaufeln, wie Speichen an einem Wagenrade, können eingekeilt werden, welche das Was=
serrad vorstel=
len. Unter dem
Kolben ist eine
eiserne Spindel

eingeschlagen, vermittels welcher die senkrecht stehende Achse unten im Bache auf einem Balken ruht und ihren Umlauf hat.

Das Wasser wird durch eine hölzerne Rinne aus einem kleinen Durchschnitt des Dammes auf die eine Hälfte dieses Rades gerichtet, so daß es an die hohle Seite dieser Schaufeln stürzt, und also das Rad, die Achse und die oben in der
Mühlenhütte befind=
liche obere Mühl=
scheibe in den Kreis
bewegt.

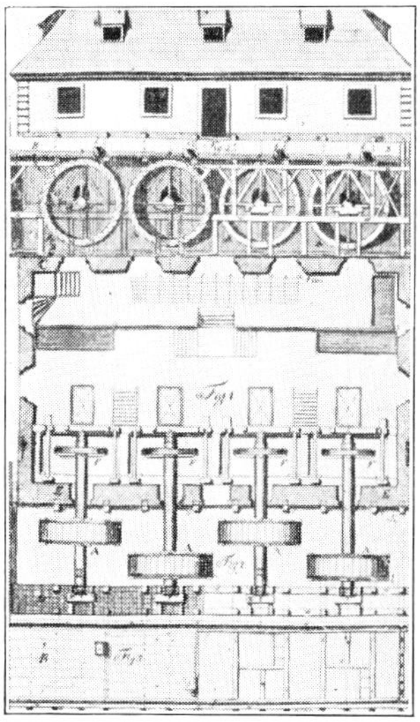

Will man die Mühle
hemmen, so darf nur
eine lange Stange

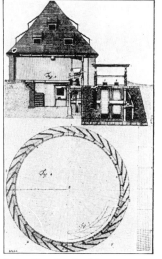

Abb. 56. Großmühle mit vier oberschlächtigen Wasser= rädern und vier Mahlgängen (Querschnitt)

zwischen die Schaufeln des Rades eingeschlagen werden. Andere leiten das Wasser durch eine be= wegliche Rinne, welcher sie eine andere Richtung geben und dadurch die Mühle zum Stillstand bringen können, auf das Rad.

Das Korn, welches man zu Grütze oder grobem Mehl bereiten will, wird in einem auch sonst in Mühlen gewöhnlichen Trichter von Brettern ge= schüttet, dessen Öffnung unten eine kurze hori= zontale Rinne hat, welche auf die Mittelöffnung der oberen Mühlscheibe gerichtet ist. Der Korn= behälter ist an dem Querbalken des Mühlen

Abb. 57. Grundriß und Längsschnitt
zur Mühle Bild 56

Abb. 58. Staberwassermühle mit weggeschobenem Beutelzeuge (nach Beyer 1735)

gehäuses beweglich aufgehängt, und ein darangebundener Stecken, welcher mit einem Ende die obere Mühlenscheibe berührt, teilt selbigem die nötige schütternde Bewegung mit, um das Korn zwischen die Mühlscheiben aus= zuschütten. Will der Baschkir etwa die Mühle auf eine kurze Zeit verlassen oder sonst verhindern, daß kein Korn auf die Mühle falle, so nimmt er nur diesen Stecken weg."

Wie aus den früheren Beschreibungen des Turbinenmahlganges hervor= geht, irrt der Verfasser im Hannoverschen Magazin unbedingt, wenn er glaubt,

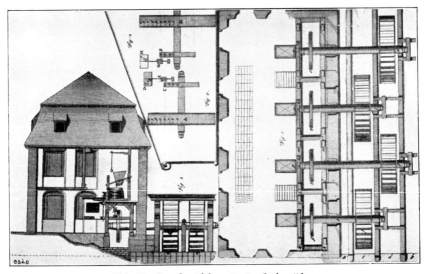

Abb. 59. Großmühle mit vier Staberrädern

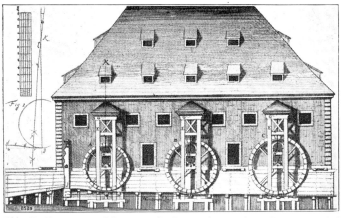

Abb. 60. Panstermühle mit sechs Gängen (Längsschnitt der Wasserräder)

daß die Baschki‹ren die Erfinder dieser Maschine wären; im nörd‹lichen Kaukasus[1] finden sich derar‹tige, oft schwalben‹nestartig an die steilen Ufer ange‹klebten Mühlen heute noch in grö‹ßerer Zahl, haupt‹sächlich um Mais‹mehl herzustellen,

aus dem ein gepreßtes Brot, „Tschurek" genannt, ange‹fertigt wird. Interessant ist die Feststellung, daß um 1800 der Turbinenmahlgang bereits in Deutschland ver‹gessen war. Die Leistung derartiger Wassermühlen schwankte zwischen 5 und 20 Sack in 24 Stunden, je nach der Bauart oder dem Gefälle. Schweden besitzt im Skansen, dem Prater Stockholms, ein Freiluft‹museum mit Häusern, Kir‹che, Werkstätten usw. aus allen Teilen des Landes von kulturgeschichtlicher Bedeutung, darunter auch eine Wassermühle mit Mahl‹gang, der ebenfalls durch eine „Freistrahlturbine" be‹sprochener Bauart ange‹trieben wird. Auch das deutsche Museum München verfügt über einen Vertreter dieses historischen Mahl‹ganges (Abb. 45). — Der Turbinenmahlgang spielte

[1] Vgl. Мукомольно-Крупяное Производство, проф. П. А. Коз‹мина, государственное техничес‹кое издательство, Москва — 1926 г.

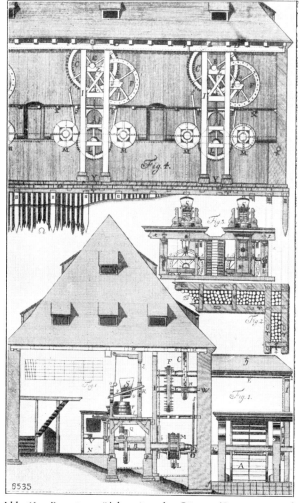

Abb. 61. Panstermühle mit sechs Gängen (Pansterzeug und Querschnitte der Anlage)

in Mitteleuropa vereinzelt noch im 17. Jahr=
hundert eine sekundäre Rolle, bis sich der
Mahlgang mit **horizontal gelagertem Wasser=
radantrieb** mittels guter Zahnräder gänzlich
durchsetzte. Triebstock= u. Kammverzahnungen
waren, neben den Römern, den Ägyptern und
Griechen längst bekannt, sie wurden zu Hebe=
werken für Wasser (Abb. 62) und Steine ver=
wendet, für Kriegsmaschinen aller Art, ange=
fangen vom Torsprenger bis zum Geschoßwerfer
und Tankwagen des Mittelalters. Erst gegen Ende
der römischen Geschichte (vgl. Schiffsmühlen)
wurden sie allgemein für Mühlen benutzt, und
im Mittel=
alter unter=
scheidet der
Fabriksbau
(allgemein
als Mühlen

Abb. 62. Wasserschöpfwerk und
Wasserschnecken

bezeichnet) schon eine ganze Reihe von
Wassermühlen: A. Oberschlächtige Wasser=
mühlen mit gebrochenem Schaufelkranz
(Abb. 55—57). B. Unterschlächtige Wasser=
mühlen mit: a. Strauberrädern (Abb. 64
oben), b. Staberrädern (Abb. 58), c. Panster=
rädern (Abb. 60, 61), d. Sackschaufelrädern.
Oberschlächtige Wasserräder (Abb. 55

Abb. 63. Wasserelevator u. Wasserschnecke

bis 57) werden
von 2,5 m Ge=
fälle ab gebaut.
Unter 2 m Ge=
fälle nimmt
man an Stelle des oberschlächtigen „Walzenrades"
(bis 2 m breit) schon lieber unterschlächtige
Wasserräder mit gebrochenen Schaufeln (siehe
Sackräder).

Von den **unterschlächtigen Wasserrädern,**
die bei weitem zahlreicher gebaut werden, sind
zu erwähnen die schmalen Strauberräder für
kleine Wassermengen, bei denen die Schaufeln
an einem Radkranz radial aufsitzen (Abb. 64
oben und Farbenbild „Die Wassermühle"), die
Staberräder für größere und mittlere Wasser=
mengen mit zwei Kränzen (Abb. 58), zwischen
denen die Schaufeln sitzen (Breite ca. 1,25—2,5 m),
die Pansterräder (ca. 2—3 m breit), ebenfalls

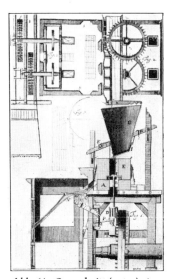

Abb. 64. Querschnitt (unten) eines
normalen Mahlganges mit
Beutelzeug (um 1700)

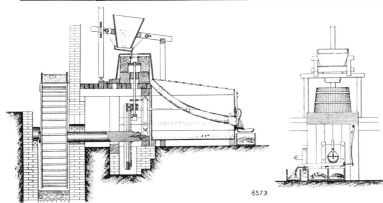

Abb. 65. Mahlgang und Beutelzeug mit zusätzlichem Sauberer (um 1800)

mit zwei Kränzen wie die Staberräder, jedoch mit einer durch das Panzerzeug bei Hochwasser heb= und senkbarer Wasserradwelle (Abbildung. 60, 61), schließlich die Sackschaufelräder (1—1,5 m breit), mit gebrochenen Schaufeln, wie die oberschlächtigen Wasserräder, jedoch mit unten einschießendem Wasser. Für jeden Mahlgang mit Beutelkasten war bis gegen Ende des 18. Jahrhunderts in der Regel ein Wasserrad nötig.

Die Sichtung des Mahlgutes erfolgt anfangs noch durch das Handsieb, wird aber spätestens 1502 nachweislich durch Einführung des Wollbeutels automatisch eingerichtet. Das Handsieb hält sich daneben noch bis ins 18. Jahrhundert, ein Kupferstich von Weigel, Nürnberg 1699, zeigt dessen Anwendung. Es scheint, daß die Verwendung des **Wollbeutels** viele Jahrhunderte älter ist, wie aus verschiedenen sprachlichen Zeugnissen hervorgeht, und dürfte wohl bis mindest auf das karolingische Zeitalter nach 800 zurückzuführen sein; vgl. das lautmalende taratantara muli=schiutele, weiter mule=sciutele, rennele, später hoch= und niederdeutsch taratantara bytel, redebudel, melebudel, sichtbudel, redstab in der mülen, melbiutel usw.[1] Die Chronik der Stadt Zwickau von Tobiam Schmidten 1656 sagt über die Einführung des Wollbeutels folgendes: „Im Jahre 1502 Mittwoch für Joh. Baptistae ist das Räderwerk der Beutel in Mühlen alhier zu Zwickau erstlich aufkommen und gebrauchet worden ... daraus leicht zu sehen, daß man bisher nur Geschrotenes, und nicht Gebeuteltes, gleich wie noch an vielen Orten gebräuchlich, und 1641 auch hier zu Zwickau aus Noth geschehen müssen, gebacken habe." Das Mahlgut fällt vom Mahlgang in

Abb. 66. Dreschmühle

<hr>

[1] Vergleiche M. Heyne, Das deutsche Nahrungswesen.

einen tiefergelegenen schrägen Wollbeutel, der von der Mühl= spindel vermittels eines Gabel= zeuges kräftig geschüttelt wird. Das vielbesungene Klappern der Mühle kommt von dem Dreischlag, der auf dem Mühl= eisen sitzt und die schwingen= de Bewegung eines Armes auf das Gabelzeug und damit auf den Beutel überträgt. Durch diesen fällt das Mehl des ganz flach gemahlenen Schrotes (in der Regel genügte ein Durch= gang) in einen Sammelkasten (Beutelkasten); der Übergang — fast ausschließlich Kleie — kommt am anderen Ende des

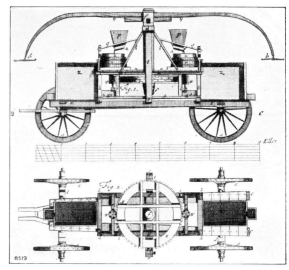

Abb. 67. Kriegsmühle

Beutels heraus und wird abgefangen (Abb. 38). Durch den Konservativismus vieler Müller hielt sich dieser „deutsche Mahlgang" bis ins 19. Jahrhundert, allerdings zuletzt unter Hinzufügung eines Sauberers (Sieb) zum Absichten der getrennt zu vermahlenden Grieße aus dem Übergang des Beutels. Dieses Sieb wird ebenfalls vom Beutelzeuge angetrieben (Abb. 65).

Das B e u t e l t u c h war 26—36 cm breit und wurde schockweise, zu je 40 m, verkauft; ein Beutel benötigte 3 m und hielt ein bis drei Monate. Bekannt waren die Webereien zu Ostra bei Dresden, Hartau bei Zwickau, in Württem= berg, Gera, Potsdam und Berlin, namentlich aber die Erzeugnisse Englands.

Das Schweizer=Seidentuch konnte sich zunächst nicht einbürgern, da es für den rauhen Schüttel= betrieb viel zu emp= findlich war.

Im folgenden geben wir eine Erklärung zu Abb. 58 und 64, wel= che den alten „Deut= schen Mahlgang" dar= stellen; die Klammer= bezeichnung bezieht sich auf den Mahl= gangsquerschnitt in Abb. 64.

(E) h = Läufer

(A) = Bodentein

(G) 0 = Einschütt=
    rumpf

(H) i = Rumpfleiter

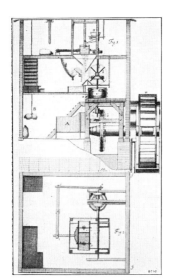

Abb. 68. Graupenmühle

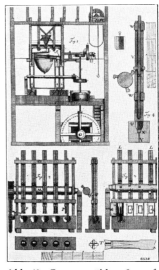

Abb. 69. Graupenmühle u. Stampf=
mühlen

30

(I) K = Rüttelschuh
(K) l = Winde
(a) m = Rührnagel
(L) = Warzenring
(F) = Haue
(B) = Buchse
(C) E = Mühleisen'
(D) = Triebstockrad
(M) c = Mehlloch im Mehlbaum, d. i. Balken q
(N) = Wollbeutel

(W) W = zwei Gabeln, an denen der Beu= tel hängt
(V) = schwingende Beutelwelle
(U) X = Schere
(T) = verstellbare Schiene
(r) = Arm der:
(Q) Z = schwingende Welle
(P) 8 = Anschlagarm

(O) F = Dreischlag unter dem Triebstock= rad, darunter Spurlager des Mühleisens
p = Bütte od. Lauffd
CD = Kammrad
G = Beutelkasten, v. gangbaren Zeu= ge zur Besichti= gung abgerückt
AB = Staberrad

Am Fußboden liegt in Abb. 58 ein aus dem Kasten herausgenommener Wollbeutel mit zwei Eisenringen t und n, dazwischen ist der Wollbeutel mit Lederriemen f und zwei Leder=Gabelschnaufen (U) ausgespannt.

Abb. 70. Handbetriebener Kurbelschwingen= Mahlgang

Der Maschinenbau des Mittelalters verstand unter Mühlen ganz allgemein durch eine Naturkraft (Wasser oder Wind) ange= triebene Fabriken, im Gegensatz zu den Ge= werben, welche ihre Maschinen von Hand aus bedienten (Töpfer, Schmiede usw.). Da gab es Papier=, Walk=, Web=, Glas=, Schleif= mühlen, Polier=, Bohr=, Säge=, Steinschneide=, Dreschmühlen (Abb. 66), Häcksel=, Blau= farb=, holländische Moddermühlen (Bagger) usw. So groß wie das Gebiet des damaligen Mühlenbaues war auch der in vielen Wer= ken verzapfte technische Unsinn, und man muß heute die phantas= tischen Pro= jekte von den wirklich gebauten zu unterscheiden verstehen. Auch sind wichtige Maschinenteile in den Skizzen oft wissentlich vergessen; Beyer sagt von den Büchern seiner Vorgänger im Vorworte zu seinem „Theatrum Machinarum Molarium" 1735, daß „aus allen doch keiner so viel lernen wird, daß er auch die geringste Kornmühle zu bauen sich unter= stehen dörffte". Über den Drang nach Neuig= keiten in seinen Tagen klagt er an gleicher Stelle: „Man wird sprechen (von seinem Buche), das sind ja alles meist jederman bekannte Sachen, hat man denn keine Holländischen

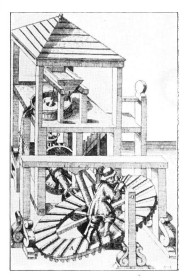

Abb. 71. Tretmühle

31

Abb. 72. Roßmühle

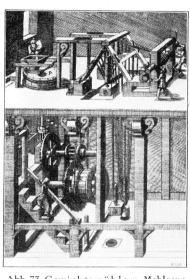

Abb. 73. Gewichtsmühle m. Mahlgang

Windmühlen oder Schottländische Dreschmühlen oder aber Französische Manufaktur = Maschinen darinnen? Dasselbige sollen ja curieuse Sachen seyn, denn man hat davon etliche mahl in Zeitungen [solchen Lerm geblasen, als wenn sich dadurch die gantze Natur verändern würde". — Die **Hand= und Tiermühlen** des Altertums kehren in verbesserter Form durch Benutzung geeigneter Vorgelege in den ältesten Werken des **Mittelalters** wieder. Abb. 70 zeigt eine Handmühle mit Kurbel= Unterantrieb und Schwungscheibe für eine Person; die Bedienung derselben muß allerdings ein Vergnügen besonderer Art gewesen sein, denn man sagte vor 200 Jahren, daß das Mahlen darauf „eine dermaßen saure und harte Arbeit ist, daß die leibeigenen Knechte und die so etwas verwürcket hatten, zu Strafe mahlen" mußten. Eigentlich meint Beyer damit die im ersten Teil unserer Schrift angeführten Handmühlen, doch kann das Urteil auch für die Handmühlen seiner eigenen Zeit angewendet werden. Noch übler waren die Leibeigenen daran, wenn sie in der Tretmühle (Abb. 71) arbeiten mußten. Eine andere Form davon ist die Grützmühle in Abbildung 74,

Abb. 74. Tret=Grützmühle

Abb. 75. Gewichtsmühle mit Gewürz= gang aus dem Jahre 1617

Abb. 76. Bockwindmühle (nach Ramelli 1620)

wo schon ein „Sauberer" zu sehen ist. Eine soge= nannte Gewichtsmühle ist uns in Abb. 75 von Strada übermittelt worden. Das Gewicht wird mit der Hand langsam heraufge= kurbelt, dann fallen ge= lassen, wobei der Mahl= gang angetrieben wird. Besonders erwähnenswert ist die geriffelte Form des Läufers, die allerdings nur selten ausgeführt worden sein dürfte; dieser An= trieb scheint mehr Projekt als Ausführung zu sein. Eine ähnliche Gewichts= mühle zeigt Abb. 73, ein Phantasieprodukt Ra= mellis.

Die Roßmühlen dagegen sind allgemein beliebt und werden häu= fig gebaut (Abb. 72). Eine ganz „curieuse Sache, so aber ein passable Inven= tion darstellet" ist die Wagen= oder Kriegs= mühle, welche man findet „in den Feldlägern, wann nemlich die Mühlen entweder abgebrannt, oder daß man sonst von denselben entfernet ist". Der Markgraf Spinola hat schon gegen das Jahr 1600 solche Mühlen im Felde verwendet (Abb. 67).

Von den Mahlmühlen, die hier allein behandelt werden, sollen die damaligen Grütz=, Graupen=, Öl=, Lohe=, Gewürz= und Pulvermühlen noch kurz in unseren Betrachtungskreis gezogen werden; Grütze wird im Mittel= alter durch Stampfen der Gerste hergestellt (die groben Schalen gehen da= bei verloren) und durch nachträgliches Hochschroten auf dem Mahlgange. Zur Fabrikation der runden **Perlgraupen** (Abb. 68, 69) benutzt man einen Graupenschälgang mit einem Steine, der gegen den „Lauffd" (siehe früher) die Körner so lange abschleift, bis sie rund geworden sind und die Schale verloren haben. In Säcke gepackt, kommen sie auf den höheren Boden, werden bei x auf ein Siebwerk geworfen und fallen schließlich in einen Putzkasten, der mit verschiedenen Windrädern die Schale und das Mehl in Säcke bläst. In den beiden rechten der am Gangboden stehenden drei Kästen (Abb. 69) werden die zwei Sorten Perlgraupen aufgefangen. Fig. 4 stellt eine Pulver=

mühle dar, Fig. 2 eine **Grützmühle** mit verschließbaren Stampflöchern, Fig. 3 eine Lohmühle; ähnliche Stampfen hatten die **Ölmühlen**. Die „Grütter", die Grütz= und Graupenfabrikanten nach 1300, mußten in Braunschweig dicht am Tore oder am Ende der Straßen wohnen, da sie ihre Umgebung mit Lärm störten, weniger schlimm waren die Ölschläger (Ölstoter, Ölslegher, Olificis) daran. Verborgene Handmühlen waren daselbst 1698 binnen vierzehn Tagen anzumelden, sonst wurde mit 50 Pf. (!) Strafe gedroht. Über die in der Stadt Braunschweig nach 1500 nachgewiesenen Roßmühlen klagt wegen deren Un= brauchbarkeit eine Mühlenordnung von 1687 („Schlentermühlen"); 1774 wurde deren gänzliche Abschaffung beantragt, doch blieben sie noch etliche Jahre bestehen.

Über den Ursprung der **Windmühlen** bestand früher die Annahme, daß uns deren Bau durch die Kreuzfahrer aus Asien von Persien her vermittelt worden wäre;[1] aber schon 868 n. Chr. ist eine Windmühle an die Abtei Croy= land in England verschenkt worden. Im Jahre 1105 gab Mabillon für ein Kloster in Frankreich Bau= erlaubnis für Wasser= und Windmühlen bekannt, und 1393 besitzt die Stadt Speyer in Deutschland eine Bockwindmühle (Ab= bild. 76), allerdings nicht die erste, denn in Kempen und anderen Stellen am Niederrhein wurden schon früher welche gebaut. Die Ansicht, daß die Wind= mühle eine deutsche Er= findung sei, erklärt sich aus dem Umstande, daß die Bockwindmühle bei uns mehr eingebürgert ist, was allerdings nicht be= weist, daß sie älter als die Turmwindmühle ist, die sich seit dem 16. Jahrh. be= stimmt nachweisen läßt. Die Holländermühle soll eine flandrische Erfindung vom Jahre 1550 sein, doch hat sich schon Leonardo da Vinci mit ihnen beschäf= tigt.[2] König Eduard III. von England leitete im

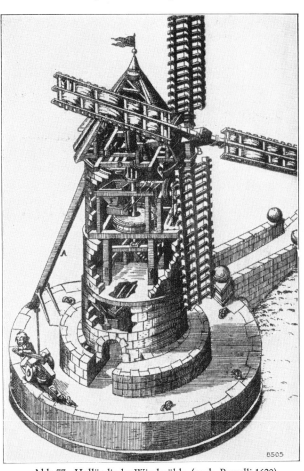

Abb. 77. Holländische Windmühle (nach Ramelli 1620)

[1] Als die ältesten Windmühlen gelten die von Alessandria. [2] Die Windmüller Braunschweigs erhielten nach dem Braunschw. Magazin (1848) um das Jahr 1595 einen Jahreslohn von 5—7 Mark.

Abb. 78. Holländische Windmühlen der Gegenwart

Jahre 1346 von einer Windmühle in Crecy aus eine siegreiche Schlacht gegen die Franzosen. Das viereckige Gebäude der deutschen Bockwindmühle ruht auf einem Bock; um den Hausbaum läßt sich das ganze Gebäude, welches zwei Geschosse enthält, drehen; dazu dient auf der Rückseite des Gebäudes ein sog. Sterz; auf der gleichen Seite liegt auch meist die Treppe, welche zu dem 3—4 m hohen ersten Fußboden der Mühle führt. Auf dem zweiten Boden liegt der Mahlgang. Die holländischen Windmühlen sind turmartig gebaut, und nur das Dach, die Haube, ist drehbar; der Grundriß des Gebäudes ist gewöhnlich kreisförmig, sechs= oder achteckig, je nachdem es einen steinernen oder höl= zernen Unterbau besitzt. Die Windmühlen wurden früher nicht nur zum Getreidemahlen benutzt, sondern, wie z. T. noch heute, auch zum Heben von Wasser, Holzschneiden, Papiermahlen, Hanfklopfen oder Ölmahlen, selbst zur Erzeugung von Schnupftabak. Eine Reihe von Gelehrten, wie Parent, Ber= noulli, Maclaurin, Euler usw., rechneten nach 1700 an der zweckmäßigen Flügelform und schufen die Grundlage für unsere heutigen Windmotoren. Groß ist die Zahl der Maler und Künstler, auf welche die Poesie der Windmühle anregend wirkte, z. B. Rembrandt, Jak. von Ruisdael, W. Roelofs, Bretz, Liese= gang, Kampf, Westendorp usw., und wenn wir noch den Don Quixote von La Mancha des Cervantes Saavedra erwähnen, ist über die Bedeutung der Windmühle in Wissenschaft, Kunst und Literatur genug gesagt.

Die Zahl der stillgelegten Windmühlen nimmt von Jahr zu Jahr zu; in Deutschland gab es 1898 noch 11370 Betriebe und 1911 nach dem Gewerbe= verzeichnis des Statistischen Amtes noch 4657, so daß in 100 Jahren die Wind= mühlen nur noch Denkmäler des Heimatschutzes bilden dürften; ihr Schick= sal wird nicht durch die technische Unvollkommenheit, sondern durch die günstiger arbeitenden Mittel= und Großmühlen besiegelt.

3. Neue Mahlverfahren,
Einführung der Dampfmaschine und Turbine

Die Zeit des Zunftwesens mit seinem „Mahlzwang" war dem Fortschritt im Mühlenbau mehr hinderlich als förderlich; weder die Erfindung der Buchdruckerkunst oder des Schießpulvers, noch ein Martin Luther oder Kolumbus konnte die Müllerei aus ihrem vielhundertjährigen Schlafe rütteln. Die Mühle klapperte weiter im Tale, fast vergessen von der Kultur, vergessen vom Fortschritt.

Doch James Watt baut an einer neuen Erfindung, und schon im Jahre 1760 lief die **erste Dampfmühle** Smeatons in England, getrieben von einem Wasserrade, für welches eine Dampfpumpe das Wasser förderte (vgl. Abb. 79). 1781 wurde von ihm die Kurbelbewegung erfunden, drei Jahre später ent=stand die erste eigentliche Dampfmühle (Albionsmühle in London), die aller=dings schon 1784 vom abergläubischen Pöbel in Brand gesteckt wurde, aber später in vergrößertem Maße neu entstand. Die gesamte technische Welt, nicht nur die Müllerei, staunte über die neue Kraftmaschine, da kam 1785 abermals eine umstürzlerische Nachricht, diesmal aus Amerika, über eine völlig automatisch laufende **amerikanische „Großmühle"**, die in hohen Fabrikgebäuden statt in bisher üblichen ebenerdigen „Hütten" untergebracht sei. Es war Oliver Evans[1] Verdienst, die in Europa seit Jahrhunderten be=kannte Wasserschnecke (Abb. 62, 63) und den Elevator erstmalig für die

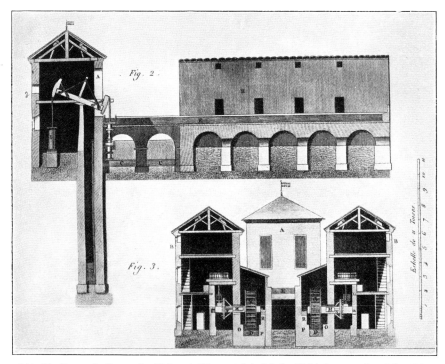

Abb. 79. Darnals Dampfmühle mit Wasserradantrieb der Mahlgänge aus dem Jahre 1779

[1] Vgl.: The young Mill, Wright and Miller's Guide, by Oliver Evans, Philadelphia 1795, Part the fourth.

Mehlförderung statt für Wasser benutzt zu haben. Damit wurde der Transport in der Mühle selbsttätig, von Menschenhand unabhängig (Abb. 83). Obige Erfindung war aber nicht die einzige Amerikas im Mühlenbau; man sagte sich dort mit Recht, daß die Kleie, d. h. die Schale des Korns, nicht erst aus dem feinen Schrot, sondern vor dem Vermahlen vom Korn gelöst werden müsse. Die Amerikaner bauten die ersten systematischen Reinigungsanlagen, welche aus Siebwerken, Schäl= und Bürstmaschinen mit Aspiration (Lüftung) bestanden. Zum Schälen werden Steine (Abb. 80) benutzt, so in Form des hochgestellten

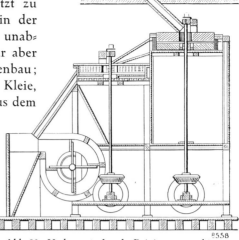

Abb. 80. Verbesserte komb. Reinigungsmaschine

alten Mahlganges (Spitzgang) oder Schälganges (ein Stein gegen gelochte Bleche oder Drahtgewebe); neu ist der Reibkegel (Rubber, vgl. Abb. 81 links), in dem das Getreide zwischen zwei kegelförmigen Reibeisen geschält wird. An Stelle dieser Reibeisenbleche werden auch einzelne Sägeblätter benutzt (Abb. 81 rechts). Die Schälwirkung ist gut, aber oft zu kräftig und ungleichförmig, so daß viele Körner dabei zerbrochen werden; außerdem sind die Bleche

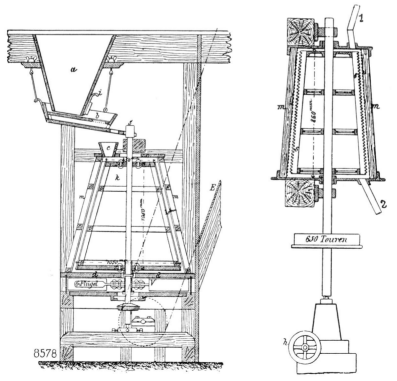

Abb. 81. Amerikanische Schäl= und Spitzmaschinen

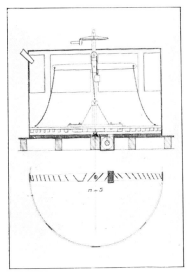

Abb. 82. Hopperboy

und Sägen schnell abgenutzt. Als Steinmaterial verwenden die Amerikaner erstmalig den harten französischen Süßwasserquarz, der dem Mahlgang eine größere Beanspruchung (größere Geschwindigkeit und größeren Durchlaß) ge= stattet; dieser Vorteil in bezug auf die Mahl= leistung hat auf der anderen Seite den Nach= teil, daß das Vermahlungsgut stark erhitzt wird, die Feuchtigkeit in die Luft der Förder= kanäle übergeht und durch unerwünschte Nie= derschläge an den kühleren Stellen Kleister= bildung, Verstopfung der Siebwerke und ähn= liche Störungen verursacht. Die Amerikaner schalten deshalb vor der Sichtung auf dem Siebzylinder, den sie erst mit Draht, später mit Seide bespannten, zur Abkühlung des Schrotes ein Kühlrührwerk (Hopperboy, Abb. 82) ein, das sie auf einem oberen Boden aufstellen (Abb. 83).[1] Das Getreide wird wie früher flach vermahlen, der alte Schlagbeutel aber hatte seine Herrschaft verloren; der Kraftverbrauch des Beutelzeuges war zu groß (5—6 Beutelzeuge $\triangleq$ 1 Mahlgang), der Schlag= daumen bei 400—600 Schlägen in der Minute oft dem Anbrennen' nahe. Durch die gekrümmten Schafwollfasern mußte das Mehl namentlich bei feuchtem Zustand der Beutel durchgepeitscht werden, von einem Sieben konnte keine Rede sein, und rohseide= ne Gaze war an= dernteils nicht halt= bar. Das Getrei= de wurde durch Schnecken auto= matisch vom Schiff oder vom Lande aus in die Getreide= lager befördert, das in Fässern verpackte Mehl (Fässerpack= maschinen waren bekannt) durch Schiffe oder Fuhr= werke weiterbeför= dert (Abb. 83).

Die amerikani= schen Erfindungen kamen zuerst nach

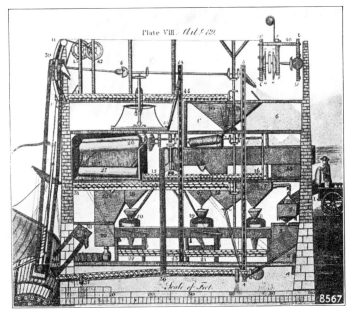

Abb. 83. „Automatische" amerikanische Mühle, vor 1800

[1] Der Hopperboy hielt sich in Roggenmühlen bis gegen Ende des 19. Jahrhunderts.

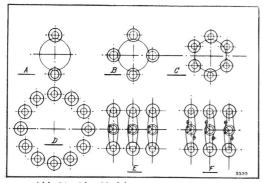

Abb. 84. Alte Mahlgangsanordnungen

England und wurden hier weiter verbessert; zunächst verwendete man, wo es nur ging, Eisen statt Holz, z. B. für die Wellen Hohl= guß=Achtkanteisen, an Stelle der Holzräder Gußräder usw. Von den englischen Mühlenbauinge= nieuren seien hier Aitken und Steele in London, Maudslay, Fair= bairn, Fenton, Murrey und Wood in Leeds, ferner Rennie, Lillie (Manchester) erwähnt. Im Jahre 1818 lieferten Fairbairn und Lillie gute eiserne Wasserräder und verbesserte Getreidemühlen. 1826 verbanden sie sich mit der Firma Escher & Wyss (Zürich).

Die von Gebrüder Rennie 1833 in Plymouth erbaute königliche Dampf= mühle hatte 24 Gänge von 5 Fuß Durchmesser, n = 123; 2 Dampfma= schinen von 45 PS trieben je 12 Mahl= gänge, die je 5 Bu= shel/Stunde flach mahlten. Der ko= nische Rubber wurde durch Reib= eisenzylinder mit einem rotierenden Schlagleisten=

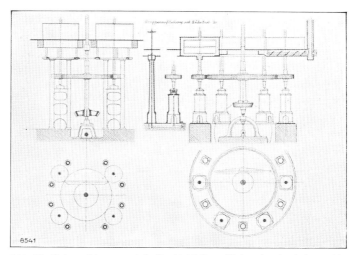

Abb. 85. Stirnräderantrieb für Mahlgänge (links schweizerische, rechts französische Ausführung)

system und dazwischenliegenden Bürsten ersetzt, die Mahlgänge nicht mehr ein= zeln von je einer Kraftmaschine betrieben, sondern gemeinsam von einer starken Dampfmaschine, die mit Leichtigkeit die Summen= leistung verschiedener Wasserräder übernehmen konnte. Die Anord= nung der Mahlgänge war meist kreisför= mig (vgl. Abb. 84, Figur A bis D).

In **Frankreich** wurde die amerika= nische Müllerei nach 1815 durch komplett aus England bezo=

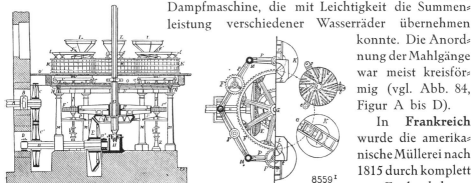

Abb. 86. Stirnräderantrieb (englische Bauart)

39

gene Mühlen bekannt. Aitken und
Steele in England lieferten 1825 die
erste Dampfmühle nach Saint Denis
(bei Paris) für Benoît (Abb. 86
und 87). Der Läufer zeigt bereits
die Anwendung der amerikanischen
Haue mit dem Kreuzgelenk, wodurch
er allseits beweglich wird und
beim Mahlen eine dauernde hori=
zontale Lage behält. Man unterschied
in Frankreich schon Ende des 18. Jahr=
hunderts eine Art des Flach= und

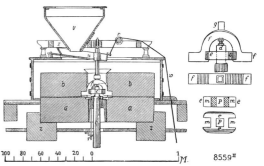

Abb. 87. Querschnitt des verbesserten Mahl=
ganges Abb. 86

Hochmahlverfahrens, allerdings nicht im heutigen Sinne, die „Mouture à
la grosse et économique". Beim ersten Verfahren wurde das Getreide
in einem Durchgange vermahlen und unter Verwendung verschiedener Beutel
(meist vier) mehrere Mehlsorten gewonnen; nach diesem Flachmahlverfahren
arbeiteten später auch die Amerikaner und Engländer. Das zweite Verfahren
bestand in einem mehrmaligen Aufschütten (Schroten), wodurch zwar kein
besseres Mehl als bei der alten deutschen Mühle entstand, dafür aber ein
größerer Prozentsatz. Die beiden Methoden machten damals in der Müller=
welt viel von sich reden, besonders als sich die Gelehrten Frankreichs der
Sache annahmen. Das Hochmahlverfahren ist z. T. schon früher bei den
Römern in Gebrauch gewesen, und als man die „mouture économique" durch
Sachverständige nach Deutschland bringen wollte, mußte man feststellen,
daß sie bei den fortgeschrittenen Müllern längst angewandt war. Mit der Ver=
vollkommnung der Müllereimaschinen befaßten sich die Franzosen erst viel
später, nach Einführung der englischen Maschinen, wo sie zunächst ihr be=
sonderes Inter=
esse dem alten
vertikal gelager=
ten Wasserrade
in der Form
der neuen Tur=
bine widmeten.
Die Erfindung
Fourneyrons
1833 wurde in
Deutschland
1836 bei Hen=
schel & Sohn
(Kassel) und der
Mülhausener
Maschinen=
fabrik durch
Jonval weiter
ausgebaut und

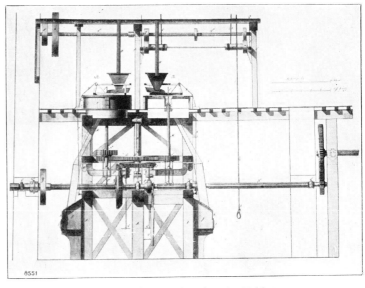

Abb. 88. Verbesserte deutsche, alte Mahlgänge

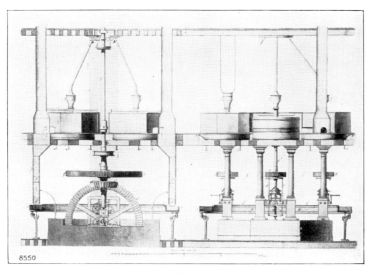

Abb. 89
Verbesserte, rund angeordnete deutsche Mahlgänge
von 1840

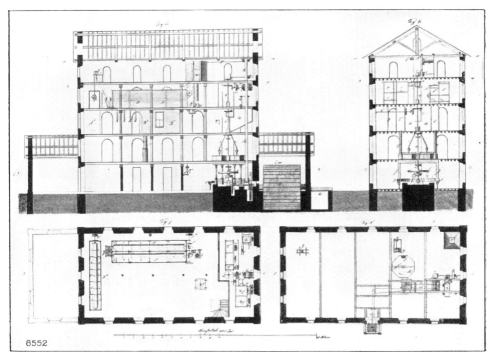

Abb. 90
Automatische deutsche Mühle von 1840 (zu Abb. 89). Man beachte die senkrechte,
durchgehende Stockwerkswelle!

führte schließlich über die Schwamkrugtur=
bine (1848) zur Erfindung der amerikanischen
Francis=Turbine (1849). Damit hatte der Müh=
lenbau eine Wasserkraftmaschine erhalten, die
trotz ihrer geringen Größe fast jedes Gefälle
bewältigen konnte und außerdem für größere
Wassermengen geeignet war; Wirkungsgrad und
Drehzahl verbesserten sich. Der Gruppenantrieb
der Mahlgänge um ein gemeinschaftliches Stirn=
rad blieb kreisförmig (bis 12 Mahlgänge!), die
Stirnrad= sowie Turbinenwelle meist ein Stück.
Statt des Stirnrades fanden auch Riementrom=
meln Verwendung; über ausrückbare S p a n n =
r o l l e n führen die einzelnen Riemen zu den
Antriebsscheiben der Gänge (Abb. 91). Fair=
bairn baute schon früher eine Mühle mit
2 Reihen Mahlgänge; diese Art verwendete
man bald mit Vorliebe auch für R i e m e n =
a n t r i e b, zunächst so, daß 2 Mahlgänge eine
stehende Antriebswelle hatten (Abb. 92). Die

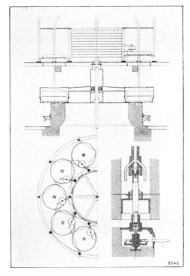

Abb. 91. R i e m e n = S p a n n r o l l e n =
a n t r i e b für 10 kreisförmig angeord=
nete Mahlgänge (Mühle St. Maur)

Franzosen konstruierten auch Ausrückvorrichtungen für Stirnrädergetriebe,
Aufhelfvorrichtungen, und ersetzten den Rüttelschuh durch den Z e n t r i f u g a l =
a u f s c h ü t t e r (von Conty, vgl. auch Abb. 89). An neuen Maschinen sind der
Tarar (Aspirateur, Abb. 96 u. 100) zum Entfernen der groben Getreide=Beimen=
gungen zu nennen und der Gesämeausleser (Trieur von Vachon 1844, Abb. 97) für
Unkräuter.[1] Die französische kombinierte Reinigungsmaschine, bestehend aus

Spitzgang, Bürste und Putzkasten mit Stoßwind
(Abb. 80) hat sich noch bis vor wenigen Jahren
in verschiedenen Mühlen erhalten. Carré ist
der Erfinder des D e s i n t e g r a t o r s (1872), einer
Zerkleinerungsmaschine mit zwei auf verschie=
denen Scheiben angeordneten Stahlstiften, die
in entgegengesetzter Richtung nebeneinander
mit hoher Geschwindigkeit rotieren und das
Korn dazwischen zerkleinern (Abb. 99).

In **Deutschland** konnte sich die Müllerei
um das Jahr 1800 infolge Überflutung durch
fremde Heere zunächst nicht weiter entwickeln;
doch brachte schließlich auch hier die Dampf=
kraft, wie in anderen Staaten, durch Schaffung
größerer Kräfte und besserer Verkehrsmittel die
Grundlage weiteren Aufblühens. 1785 wurde
die erste in Deutschland gebaute Dampfma=
schine in einem Schachte bei Hettstedt im Harz

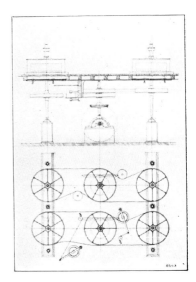

Abb. 92. Riemenantrieb bei R e i h e n =
a u f s t e l l u n g der Mahlgänge
(Mühle Corbeille)

---

[1] Ausführlicheres über die Arbeitsweise im Abschnitt B,
„Der neuzeitliche Mühlenbau", S. 97.

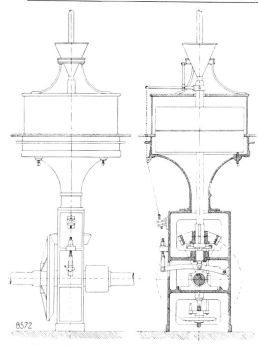

Abb. 93. Fairbairnscher Mahlgang m. Kegelräder=
antrieb für Reihenaufstellung

aufgestellt. Das Mühlenwesen fand seine beste Unterstützung im preußi= schen Ministerium des Inneren für Handel und Gewerbe. Als erste Mühle nach amerikanisch=englischer Art baute 1822 der Mechaniker Freund in Berlin, zugleich die zweite Mühle in Deutsch= land unter Verwendung französischer Süßwasserquarze. Dann folgen die Mühlen in Magdeburg, 1825 von eng= lischen Händen durch Fenton Murray erbaut, weiter Berlin, Guben und Ham= burg. Die preußische Gewerbeverwal= tung sandte zum Studium zwei Zög= linge der Gewerbeakademie, Ganzel und Wullf, nach Amerika und England, nach deren Angaben der Mühlenbauer Kessel in Oranienburg eine Mühle er= richtete. Durch das preußische Beispiel angeregt, bemühten sich auch Württem= berg, Baden und Bayern (1828) sowie Deutsch=Österreich (1829), meistens Mustermühlen zu schaffen. Sachsen

durch Preisausschreiben, amerikanische baute 1838 die Neumühle im Plauen= schen Grunde[1] bei Dresden und die Klostermühle zu Chemnitz; Wien nahm 1840 wieder ein altes Dampf= mühlenprojekt auf, und 1842 wurde die k. k. priv. Wiener Dampfmühle am Schüttl in Betrieb genommen, die sich später mit 22 Mahlgängen unter Verwendung Wolf'scher Dampfma= schinen (200 PS) zu einer der schön=

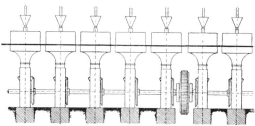

Abb. 94. Reihenaufstellung des Fairbairnschen
Ganges (Taganrog, 36 Gänge)

sten Anlagen entwickelte. — Wie aus den bisherigen Betrachtungen hervorgeht, besteht das amerikanische Mahlverfahren aus einer Flachmüllerei zwischen enggestellten, har= ten Steinen, wobei das Getreide nur einmal aufgeschüttet wird. Die durch dieses Verfahren erzeugten Mehle genügten aber der verwöhnten Wiener Bäckerei mit den noch heute bekannten Kipfeln und Kaisersemmeln nicht, und so war man dort früh zu einer Fortentwicklung der französischen „Mouture économique" geschrit= ten. Jenes verbesserte Mahlverfahren führte bald zur Blüte der österreichischen Mühlen=

Abb. 95. Veralteter Stirnräderantrieb
zweier Mahlgänge von oben (Gegen=
wart!), als Gegenstück zu Bild 91

[1] Das ist die heutige Roggenmühle der König=Friedrich=August=Mühlenwerke in Dresden=Dölzschen.

industrie und erwarb sich als „**Wiener Grieß= oder Hochmüllerei**" einen Weltruf, so daß von dort nicht allein Mehl nach dem übrigen Europa, sondern sogar nach Amerika exportiert wurde; in der Londoner Weltausstellung des Jahres 1862 wurde das Wiener Mehl als das beste der Welt bezeichnet.

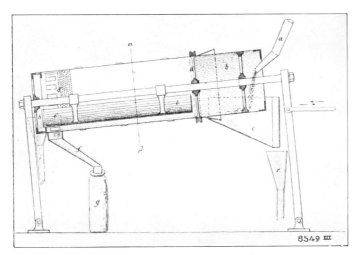

Schon zu Anfang des Jahrhunderts war es in Wien üblich, die gröbsten Schrotteile in Kästen der Größe nach zu sortieren und die Kleie mit kleinen Sieben mühselig ab= zuschöpfen, um auf diese Art den G r i e ß zu gewinnen, der besser bezahlt wurde; man stellte daher die Steine noch etwas weiter, um die Ausbeute an Grieß zu erhöhen. Auch wurde bald zwischen p o s t e n = w e i s e r und k o n = t i n u i e r l i c h e r Vermahlung un= terschieden. Beim ersten, älteren Ver= fahren wird zu= nächst zwischen hochgestellten Stei= nen, dann immer enger, d. h. flacher vermahlen, der Schrotübergang des Beutels durch ein Handsieb auf=

Abb. 96. Tarar

Abb. 97. Trieur (Bauart Vachon)

gefangen, die Grieße von der Kleie abgesiebt, jede Grießgröße am Fenster im Luftzuge mit der Schaufel oder durch Siebe von den gleich großen, feinen Kleieteilchen getrennt und schließlich jeder Grieß für sich zu Dunst und Mehl auf dem g l e i c h e n Mahlgange vermahlen. Bei der zweiten Vermah= lungsart finden all diese Vorgänge, verteilt auf mehrere Maschinen, n e b e n e i n a n d e r statt. Da die Sichtarbeit außerordentlich zeitraubend war, ordnete der Mühlenbesitzer Ignatz P a u r über dem Beutelkasten ein selbstbewegliches Sieb an, und statt des Werfens und Siebens im Luftzuge verwendete er eine durch ihn um 1810 ver= besserte K a s k a d e n = G r i e ß = P u t z m a s c h i n e (Abb. 102) mit Druckwind. Die vom Sauberer kommenden Grieße treten bei a in die Maschine, bei g fällt die gute Sorte, welche als Speisegrieß Verwendung findet oder weiter vermahlen wird, bei h fallen die leichteren (1. Überschläge) und

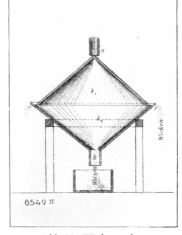

Abb. 98. Wickenausleser

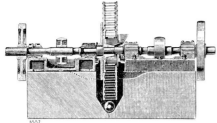

Abb. 99. Desintegrator von Carré

bei D, E, F die 2. Überschläge und Flugkleie. Für gutes Putzen mußte mehrmals aufge= schüttet werden. Die Paursche Putzmaschine wurde, wie damals behauptet wurde, von keiner anderen übertroffen, obwohl man später in Frankreich auch die Bauart von Cabanes (Saugluft), Benoit, Gartier und Perrigault rühmte. In Ungarn fand die „Öster=

reichische Hochmüllerei" ihre höchste technische Vollendung, die schließlich zur Übertreibung führte; man war in der Unter= teilung der Grieße so weit gegangen, daß die un= zähligen Sorten wieder zu= sammengeschüttet werden mußten, um nicht noch mehr Mehlnummern ent= stehen zu lassen, als man ohnehin schon hatte. — In **Norddeutschland** konnte sich die Hochmüllerei nicht einführen; lange Zeit wurde hin und her gestritten, bis man sich auf ein Mittelding zwischen Flach= und Hoch= mahlverfahren einigte, das sogenannte „Halbhoch= verfahren", welches durch mehr als eine Schrotung, jedoch in geringerer Zahl als im Hochmahlverfahren üblich, gekennzeichnet ist.

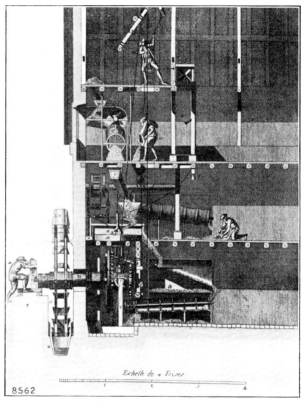

Abb. 100. Alte französische Reinigung u. Mühle

Abb. 101. Wiener Stauber

Der Grund dafür lag in den weniger harten Weizensorten Deutschlands. Ende der vierziger Jahre baute der Mühlenbaumeister Dannenberg in einer Berliner Mühle Exhaustoren ein, um die feuchtwarme Luft der Mahlgänge aus der Bütte zu ziehen, und in einer Bromberger Mühle wurden später sogar gleich= zeitig Exhaustoren für Saug= und Druckluft benutzt, so daß die

Luft in das Stein=
auge des Läufers
eingedrückt und
aus der Bütte
wieder heraus=
gesaugt wurde.
Charakteristisch
waren in der letz=
ten Mühle auch
die tulpenarti=
gen Mahlgangs=
gerüste nach W.
Fairbairn, Man=
chester, mit ko=
nischem Räder=

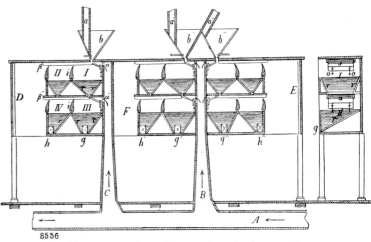

Abb. 102. Querschnitt der Paurschen Grießputzmaschine

antrieb für jeden Gang, wie Abb. 93 zeigt (Reihenaufstellung). — Mit der
Jahrhundertwende 1800 kam auch für die Wirtschaft der Müllerei ein erlösendes
Aufatmen. Zwangen einst die Gutsherren ihre Mühlenpächter, ihnen kosten=
frei ihr Gertreide zu mahlen, wofür die Bewohner des Zwangrechts= oder
Banngebietes beim Pächter mahlen lassen mußten; bekamen mit dem
12. Jahrhundert die Müller von einzelnen Landesherren das Bau= und Be=
triebsrecht (Mühlengerechtigkeit) durch das Mühlenregal, so wurde nun end=
lich 1804 zuerst von Bayern, dann in Preußen (1810 von Hardenberg) die
Beseitigung dieses äußeren Zwanges durchgeführt und damit freie Bahn für
die weitere Entwicklung geschaffen.

4. Erfindung des Walzenstuhles, Verbesserung der Sichtung, Lüftung und der Reinigungsmaschinen

Einen weiteren großen Fortschritt hat die Müllerei der Erfindung der eisernen
Walzenstühle zu verdanken. Die erste brauchbare Mühle mit geriffelter
Walze ist nicht von Helfenberger (1821—22) zu Rohrschach (Schweiz) und
Bollinger in Wien (1822) gebaut worden, wie heute noch angenommen,
sondern wurde vom Italiener Ramelli 1588[1] in seinem Werke, das später
(1620) ins Deutsche übersetzt wurde, erwähnt. Wir zeigen in Abb. 103 diese
„art einer Mühlen, welche fortgetragen werden mag, auch an allen Orten und
jederzeit dienstlich ist, bevorab weil ein Mann alleine gantz leichtlichen mit
der derselbigen mahlen kan". Das Getreide kommt vom Zuschütter in die
Mantelöffnung I und wird zwischen der geriffelten Walze und dem geriffelten
äußeren Mantel vermahlen. Die Walze ist schwach konisch und durch seitliche
Schrauben axial verstellbar. Für den mechanischen Kraftantrieb entstanden
erst zweieinhalb Jahrhunderte später brauchbare Walzenstühle.

Außer Helfenberger und Bollinger befaßte sich John Collier (1823) in
Paris und der Hofrat v. Müller (damals in Warschau) mit dem Bau von
Walzenstühlen. Müllers Maschinen liefen mehrfach in der Schweiz (Abb. 104),

---

[1] Aber nicht von Ramelli erfunden!

46

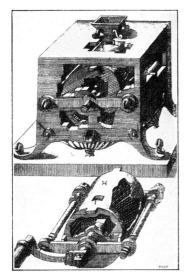

Abb. 103. Der erste „Walzenstuhl" nach Ramelli (aus dem Jahre 1588)

sie konnten sich aber wegen vieler Mängel nicht einbürgern, bis S u l z b e r g e r im Jahre 1834 in der Schweiz die „Frauenfelder Gesellschaft" bildete. Die ersten Sulzbergerschen Stühle liefen 1839 in der Pester Josefswalzenmühle, die bis in die siebziger Jahre in Budapest fast allein das Monopol für die Vermahlung auf Walzen hatte (das Mehl war teurer als das anderer Mühlen!). Ähnlich wie beim Müllerschen Walzenstuhl sind auch in der Bauart Sulzbergers drei Paar Walzen ca. 150×250 (bis 270 mm) nebeneinander angeordnet, die das Getreide hintereinander passieren muß; sie waren anfangs glatt, dann fein im Drall geriffelt (gekerbte Walzen verwendete schon Helfenberger) und liefen später mit verschiedenen Geschwindigkeiten (Differentialgeschwindigkeit). Der Kokillenguß (Hartguß) der Walzen war schon 1843 bei

Ransomes & Co. zu Ipswich üblich. Trotzdem die Müllerei schöne Erfolge zu verzeichnen hatte, verhielt sich die Allgemeinheit bis in die siebziger Jahre ablehnend; die neuen amerikanischen Mühlen, d. h. die Mahlgänge mit französischen Steinen genügten den Ansprüchen, wozu sollte man sich mit den empfindlichen Walzenstühlen abgeben, die außerdem nicht einmal für alle Mahlzwecke geeignet waren? — Erst der Mühlenbesitzer und Ingenieur Friedrich Wegmann, ein geborener Züricher, wurde 1873 durch die Erfindung des Porzellan-Walzenstuhles der eigentliche Begründer der Walzenmüllerei. Nach seiner Rückkehr aus Neapel ging die Firma Daverio, Siewert & Giesker, Oerlikon bei Zürich,[1] daran, seine ersten Vierwalzenstühle zu bauen. Der Wegmannsche Stuhl hatte zwei Paar nebeneinanderliegende Walzen aus Hartporzellan, die zum Auflösen besser geeignet waren als die glatten früheren Gußwalzen; von diesen wurde je eine angetrieben, die andere durch Gewichtsanpressung mitgeschleppt (Abb. 105, 106). Die gleichmäßige Zuführung des Vermahlungsgutes auf die gesamte Walzenlänge erfolgte durch eine Speisewalze mit dahinterliegendem Schieber. Wegmann verstand richtige Reklame zu machen, lieferte an die größten österreichisch-ungarischen Mühlen seinen Stuhl drei Monate zur Probe und setzte sich während dieser Zeit mit der Maschinenfabrik Ganz & Co., Budapest, in Verbindung,

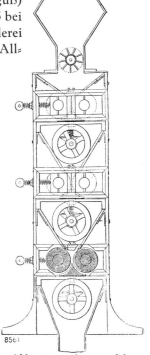

Abb. 104. W a l z e n s t u h l d. F r a u e n f e l d e r M ü h l e , mit 3 Paar Walzen (eine mit Schraube verstellbar) u. geriffeltem, mit Handrad hebbarem Sattel unter den Walzen

[1] In deren Diensten stand auch der spätere verdienstvolle Mitbegründer der Firma Simon, Bühler & Baumann, Frankfurt a. M., aus der 1920 die Firma Hugo Greffenius entstand: Jaques Baumann.

die später seine Stühle baute. Dem Leiter der Maschinenbau A.‹G. Ganz & Co. in Budapest, Andreas Mechwart, verdanken wir in der Folgezeit die wertvollsten Verbesserungen am Walzenstuhl; er wandte statt des zerbrechlichen Porzellans glatte Hartguß‹ walzen aus Ganzschem Spezialhartguß an — den er schon früher für Eisenbahnräder mit Vorteil angewendet hatte —, zunächst nur für die glatten Auflösungswalzen der Grieße, später auch für die geriffelten Schrotwalzen. Von Mechwart stammt auch der Ringwalzenstuhl (Abb. 107, Figur 2) mit drei Walzen (1877), welcher durch je einen Ring auf jeder Stirnseite die Lager entlastet. Endlich erhielten die Walzen Feder‹ statt Gewichtsandruck und zwangsweise Differentialgeschwindigkeiten. Nun war die Bahn für die allgemeine Einführung der Walzen‹

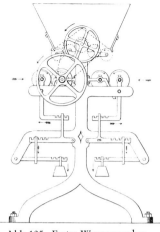

Abb. 105. Erster Wegmannscher Walzenstuhl

müllerei frei: die Walzen lassen sich schneller auswechseln als die Steine der Mahlgänge, der Kraftbedarf wird geringer, weil das Korn nur einmal vom Walzenpaar ergriffen wird, die Ausbeute an feinen Mehlen steigt, da das Getreide bei den Schrotungen weniger zerrieben als zerschnitten wird und mehr Grieße entstehen, die sich ihrerseits leichter von der Kleie putzen lassen und entsprechend bei der Vermahlung hellere Dünste und Mehle liefern. Alle Neukonstruktionen an Walzenstühlen der Folgezeit gehen von der erwähnten, durch Mechwart verbesserten Ganzschen Bauart aus (Abb. 107, Figur 1). An weiteren Bauarten sind zu nennen die Walzenstühle von Escher, Wyss & Co., Zürich, Nemelka in Simmering bei Wien, Kiefer in Stuttgart, Luther in Braunschweig (Abb. 107, Figur 3), Seck in Darmstadt und die anderer Firmen.

Der **Bürstendetacheur** dient zum Lockermachen der Mehlblättchen, welche bei glatten Hartguß‹, weniger bei Porzellanwalzen entstehen. Er arbeitet mit Tambikofasern (Walzen) gegen Stahldrahtgewebe; der Abstand ist verstellbar.

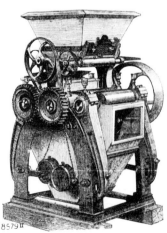

85791

Abb. 106. Walzenstuhl Wegmann, Ganz & Co.

In dem Maße, wie sich die Mühlenleistungen und der Umfang der Zwischenprodukte, namentlich in der Hochmüllerei, änderte, mußte man daran denken, die Siebvorrichtungen zu verbessern. Der Sechskanter und Zylinder (Abb. 90 links, 100) war den Anforderungen an Siebfläche und Leistung längst nicht mehr gewachsen und mußte nach 1850 dem **Zentrifugalsichter** des Bäckers Huene (Altona), Lukas (Dresden) und Thomas (Leipzig) weichen, der durch Nagel & Kämp (Hamburg) verbessert und schnell eingeführt wurde. Die günstigere Sichtwirkung dieser Maschine (Abb. 109), die aus einem mit Seidengaze bespannten, langsam drehenden Zylinder, mit innen in gleicher Richtung laufendem Schlägersystem besteht, ist vor allem auf die größere wirksame Siebfläche des Zylinders

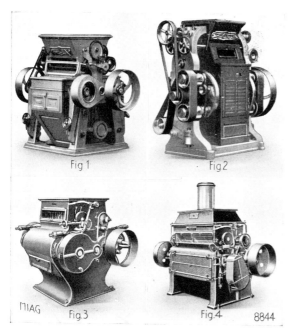

Abb. 107. Alte Walzenstühle
Fig. 1: Walzenstuhl Nr. 8 (9) Ganz & Co. (um 1880); Fig. 2: Ringwalzenstuhl Nr. 17 c Ganz & Co. (um 1880); Fig. 3: Walzenstuhl A (1895) G. Luther; Fig. 4: Walzenstuhl (1902) mit übereinanderliegenden Walzen, Amme, Giesecke & Konegen

zurückzuführen, die sich auf den ganzen Umfang, nicht nur eine Stelle bezieht. Die Länge der Maschine wurde geringer als beim alten Sechskanter, dessen Ausdehnung oft 10 m überschritt (Abb. 90). Die Sichtmaschine Gebrüder Seck (Darmstadt), ferner die „Viktoria" Luthers wurden zu vielen Zehntausenden nach allen Staaten verkauft; sie waren gegen Ende des vorigen Jahrhunderts noch die wichtigste Siebvorrichtung. In Abb. 109 sind die besprochenen Siebvorrichtungen zusammengestellt. Oben sieht man den in der Schrotsichterei, weniger als Sortier= und Mehlsichter verwendeten Rundsichter (a); als Vorzylinder erhält er bei metallischer Bespannung eine rotierende Mantelbürste. Der Prismazylinder ist äußerlich dem Rundsichter gleich; er ist auch mit zwei ineinanderliegenden Haspeln gebaut worden. Die Secksche Sichtmaschine hatte parallel zur Achse liegende Schläger, welche geschlitzt kleine Schaufeln bilden, die durch ihre Schränkung eine axiale Förderung des Mahlgutes bewirken. Die Bespannung war entweder für Einlegerähmchen (b) oder für „Bezug zum Aufschnüren" (vollständige runde Bespannung [c]) vorgesehen. Die letzte Form ist für Mehlnachsichter mit fester weicher Bürste oder rotierender Bürste brauchbar, sie hat den Vorteil größerer Sichtfläche, dafür den Nachteil unbequemeren Bespannungswechsels. Zwecks Ersparnis an Raum, Kraft und Anschaffungskosten setzte man (für zwei verschiedene Mahlgüter) zwei Sichtmaschinen auf eine gemeinsame Welle (d) oder übereinander (e). In der Schalenbürstmaschine (f) ist die eine Hälfte der Schläger durch Bürsten ersetzt, die das letzte Mehl nach dem letzten Schrot herausholen. — Viel bedeutungsvoller war die Einführung des **Plansichters** durch Haggenmacher (Ende der achtziger Jahre, Budapest); diese neue Sichtmaschine ahmt die sanfte Bewegung des alten Handsiebes nach, peitscht also nicht wie der Zentrifugalsichter, das Mehl durch die Gaze. Das war besonders für die mit härteren Weizensorten arbeitende Hochmüllerei von Bedeutung, während sich die Halbhochmüllerei zunächst noch mit dem Zentrifugalsichter begnügte. Schon in den siebziger Jahren wurden in England Rotarysiebe

Abb. 108.
Selbsttätige Schleif= und Riffelmaschine für Hartgußwalzen (1895), G. Luther

mit schräger Anordnung gebaut,[1] 1873 auf der Wiener Weltausstellung ein rundes Plansieb gezeigt, ebenfalls durch Exzenterwellen angetrieben. Haggen= machers wirklich brauchbarer Plansichter verwendet Horizontalsiebe mit Förder= leisten und eine durch Kanäle (Abb. 113) eingeteilte Siebfläche. Durch die Förderleisten (Abb. 112), dem eigentlichen Patent, war überhaupt erst eine Förderung des Mahlgutes bei horizontaler Sieblage möglich. Nach einer Be= sichtigung in Budapest übernahm Luther (Braunschweig) auf Grund einer Muster= maschine den Bau des Haggenmacherschen Plansichters (Abb. 114). Die kugel= gelagerte Eisenpendelaufhängung, namentlich die unausgeglichenen Schwung=

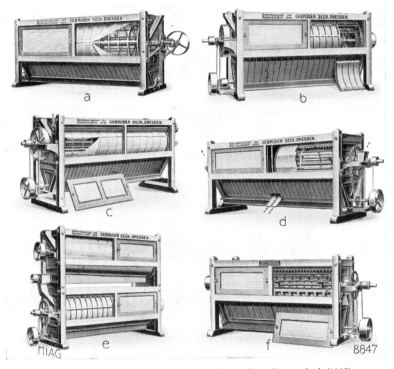

Abb. 109. Zylinder= und Zentrifugal=Sichtmaschine, Bauart Seck (1903)

massen des Kastens (wegen des höherliegenden Schwungrad=Gegengewichtes) waren mangelhaft. Später bekamen die Siebrahmen statt der Eisenpendelauf= hängung solche von Rohrstäben, das Hauptübel aber war die schon nach Stunden versagende Absichtung; die Seidenmaschen verstopften sich trotz Putzgutes (Holzklötzchen, Erbsen, Bohnen, Weizen usw.), so daß die Buda= pester Mühlen, auch die eines Bruders von Haggenmacher, jeden Morgen die Maschinen öffnen mußten, um die Siebe abzubürsten. Um den Antrieb ruhiger zu gestalten, kröpfte man das Schwungrad (Abb. 115) und setzte den Antrieb nach unten (Abb. 152, Fig. 2); aber nichts konnte das Gebäude ganz zur Ruhe bringen, auch der Versuch Bittingers (1890), den Sichter auf Stäbe zu stützen

[1] Vgl. Kommerzienrat Dr.-Ing. h. c. E. Amme, Vortrag 1913 „Die Entwicklung des Plansichters", in der Inc. Nat. Assoc. of British and Irish Millers in London.

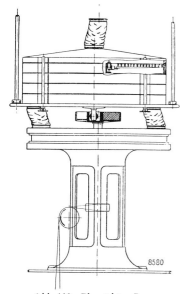

Abb. 110. Plansichter Bunge

(Abb. 117; es waren zuletzt acht Stützen zu je acht Rohrstäben; der Sichter hatte konischen Unteran= trieb), ging fehl, wie der Fünfkurbel=Plansichter Walter Konegens (Abb. 119) keinen weiteren Erfolg brachte, als daß der Raum zum Abheben der Siebe über den Maschinen frei wurde, während der Oberantrieb der an der Decke hängenden ersten Plansichter störend war. Daß man um die Mitte der neunziger Jahre auch noch mit anderen Ideen die Sichtungsfrage zu lösen versuchte, geht daraus hervor, daß sogar „Schüttelplansichter“ gebaut wur= den (Abb. 118, Fig. 1), die zu mehreren aneinander= gekuppelt waren, und Pendelsichter (Abb. 116). Hin= sichtlich Reinhaltung der Siebe wollte man in der ersten Konstruktion mit der Erschütterung aus= kommen. Unabhängig von Haggenmacher hatte Bunge inzwischen einen mit umlaufender Bürste gut arbeitenden Sichter gebaut (Abb. 110, 111); den Firmen Amme, Giesecke & Konegen und Seck wurde eine Wanderbürste patentiert. Auch andere Staaten, Amerika, Schweiz usw., be=

faßten sich mit dem neuen Sich= ter. Ein schwerer Kampf tobte in der Müllerwelt; auf der einen Seite standen Luthers Freunde für den Plansichter, auf der an= deren die Anhänger des gleich= zeitig gutverbesserten Zentri= fugalsichters. Selbst große Neu= bauten wurden Mitte der neun= ziger Jahre noch ausschließlich mit Sichtmaschinen ausgerüstet (Abb. 150); und doch konnte G. Luther, Braunschweig, schon am 1. Mai 1892 auf 494 verkaufte Plansichter zurückschauen und auf 90 ausschließlich mit diesen Maschinen gebaute Mühlen. Wer sich eine Mühle mit dem alten Haggenmacher=Luther=

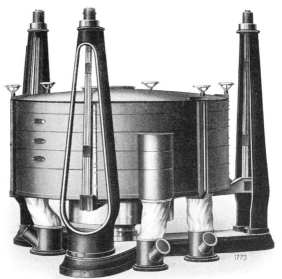

Abb. 111. Plansichter Bunge

schen Plansichter vorstellt (Abb. 153; später wird noch eine Gesamtanlage beschrieben), der wird sich eines sonderbaren Gefühles längst entschwundener

Abb. 112. Förderleisten über den ebenen Plansichtersieben (Pa= tent Haggenmacher)

Zeit nicht erwehren können — und sie liegt doch kaum 30 Jahre zurück, eine Zeit, wo die im Weltkrieg geprüfte Jugend in den ersten Schul= tagen ihre sorgenlosen Kinderjahre hingab. Abb. 118, Fig. 2 stellt uns den gekuppelten Oberantrieb

51

zweier Plan=
sichter dar,
die je an ei=
nem Gestell
hängen; die
stehend=hän=
gende Bauart
ist demnach
nichts Neues.

Im Jahre
1895 legte J u =
lius Konegen
durch geteilte
Anordnung

Abb. 113. Siebrahmen des alten Haggenmacherschen Plansichters im Grundriß

des Siebpaketes die Schwungmasse und das Gegengewicht des Sichters in eine
Ebene (Abb. 120), und damit war der gute Ruf des Plansichters bald in aller
Welt; ohne diese Erfindung wäre nie ein ruhiges Laufen erreicht worden.
1900 kamen Stützpendel auf, 1894 die grundsätzliche Idee des Freischwingers
von Beaumont, London. Hatte auch das Kuppeln mehrerer Plansichter durch
einen gemeinsamen Unter= oder Oberantrieb nichts gegen die Gebäude=
erschütterungen genützt und wurden durch die Konstruktion Konegens die
Erschütterungen fast ausgeschaltet, so beseitigte der Freischwinger nun den
Rest. Die bekannteste Bauart des Freischwingers wurde die Anordnung
der Firma Amme, Giesecke & Konegen, Braunschweig, in welcher die Antriebs=

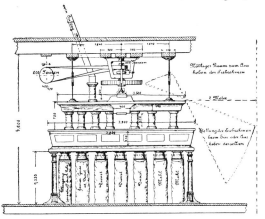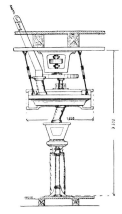

welle durch ein
Spurlager an
der Decke ge=
tragen wird und
die Massen bei
jed. Belastungs=
oder Drehzahl=
schwankung
ausgeglichen
bleiben. (Be=
schreibung im
zweiten Teil,
Neuzeitlicher
Mühlenbau,

Abb. 114. Hängender Plan=
sichter m. Oberantrieb, Schwung=
rad mit geraden Armen

Abb. 214). Der Plansichter ist heute die mo=
dernste Sichtmaschine, die hinsichtlich geringsten
Kraftverbrauches und Leistung im Verhältnis zu
ihrem Raumbedarf von keiner anderen Maschine
übertroffen wird. Auch Luther, Seck und andere
Firmen trugen zur weiteren Entwicklung bei, wie
ja im Maschinenbau die Vervollkommnung einer
Erfindung stets die Summe vieler Erfahrungen

Abb. 115. Hängender Plansichter mit Oberantrieb, Schwungrad mit vorstehendem Rand

darstellt. — Auch an den **Grieß= und Dunstputzmaschinen** wurden Verbesserungen vorgenommen, da die alte Wiener Stoßwind=Kaskaden=Putzmaschine von Paur, der „Wiener Stauber" (Abb. 101), den Ansprüchen nicht mehr genügte. Durch Cabanes angeregt, baute zunächst der erwähnte Karl Haggenmacher in Budapest eine verbesserte S a u g w i n d = K a s = k a d e n = P u t z m a s c h i n e , deren Ausführung Abb. 122, 124 zeigen; sie besteht aus vier gleichen Teilen, zwischen welchen ein gemeinsamer Exhaustor liegt. Über der Putzmaschine ist ein doppelter Sauberer angeordnet, der die Arbeit unserer heutigen Sortierplansichter verrichtete, d. h. die Grieße und Dunste der Größe nach für die einzelnen Putzmaschinenabteilungen ordnete. Doch konnte die Sortierung auch mittels Sechskanter oder Zylinder geschehen, und zuletzt setzte man den neuen Plansichter unmittelbar über die Kaskaden=Maschine.

In Abb. 127 wird eine Grießsortierung und Putzerei gezeigt; der Schrotzylinder gibt die Grieße an einen Elevator, dieser auf einen Sauberer weiter, welcher anfangs fein, am Ende grob bespannt ist. Der Durchfall des feinen Sauberers fällt in einen zweiten Elevator und geht auf einen zweit= feinen Sauberer, der grobe Grießdurchfall in einen kleinen Elevator und von dort auf die Kaskaden=Putzmaschine, wo= nach der geputzte Grieß aufgefangen wird; die Übergänge des Sauberers aber gehen auf einen Elevator und nächst= gröberen Sauberer. Solche Sauberer und Kaskaden stehen also zu mehreren miteinander in Verbindung. Abb. 128 stellt im Zusammenhange damit eine Hochmühle vor mehr als 50 Jahren dar; die Arbeitsweise ist dem müllerisch ge= schulten Leser auf Grund der obigen Beschreibung ohne weiteres verständlich. Neben Haggenmacher haben sich auch G. Luther in Braunschweig, Gebrüder Israel in Dresden, Vulkan und Wörner & Co. in Budapest, ferner Seck in Darmstadt usw. Verdienste um diese Kaskaden

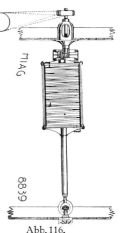

Abb. 116.
Pendelsichter Schnelle

erworben. Historisch interessant ist ferner die K e s s e l p u t z m a = s c h i n e , die haupt= sächlich für Dunste bestimmt war und ebenfalls von Haggen=

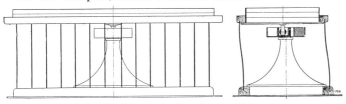

Abb. 117. Schema des B i t t i n g e r - Sichters

macher herrührt (Abb. 123, 126). Die Luft wird durch einen Exhaustor durch die Säulenständer bei 1 abgesaugt. Als typischer Vertreter derjenigen Putzmaschinen, welche mit Zentrifugalkraft arbeiten, sei hier die Buchholzsche Maschine erwähnt (Abb. 125). Der sortierte Grieß fällt auf den rotierenden Teller m, Grieß und Überschlag in die Fächer G bzw. U, und die leichte Flugkleie wird bei a vom Exhaustor in eine Staubkammer geführt. Ein noch beliebteres Feld waren für die Erfinder um die Jahrhundertwende die Putzmaschinen mit Sieben, besonders in Amerika, England und Frankreich; alle diese Maschinen beruhen darauf, daß die Grieße oder Dunste auf ein Rüttelsieb geleitet werden, die reinen

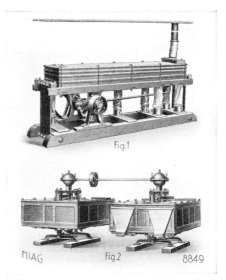

Abb. 118. Schüttelsichter (Fig. 1) und gekuppelte, stehend-hängende Plansichter (1900) von G. Luther

schweren Teilchen durchfallen, die leichteren aber, die noch mit Schale behaftet sind, durch einen Stoß- oder Saugwind von unten, evtl. durch beide Windsorten zugleich über dem Siebe abgehoben (Flugkleie) oder im Schwebezustand langsam über dem Siebe dem Auslaufe zugeführt werden (Kop-

Abb. 119. Fünfkurbel-Plansichter von Walter Konegen

pen), wo sie meist einer Nachaspiration unterworfen sind. Auch die modernsten Grieß- und Dunstputzmaschinen sind nach diesem Grundsatz gebaut. Die Putzmaschine mit Rüttelsieb war ursprünglich nur zum Dunstputzen vorgesehen, während sie heute auch für Grieße Anwendung findet. Wörner&Co., Budapest, baute für C. Hagenmacher eine derartige Maschine mit sehr steilem Siebe und Kleiefangrosten. Bekannter wurde Secks „Invicta" (Darmstadt) und die spätere „Reform" (Abb. 129, 132). Die „Invicta" hatte feste Längsfangroste mit Schnecken, die „Reform" Schüttelroste, wie noch heute allgemein üblich, und Wanderbürsten, die das Sieb von unten her freihalten. Die Luthersche „Revo-

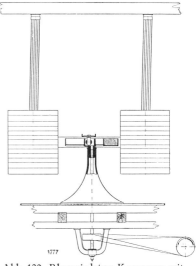

Abb. 120. Plansichter Konegen mit geteiltem Siebpaket, festem Unterantrieb

54

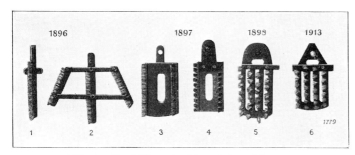

Abb. 121. Entwicklung der Plansichterbürsten

die das Sieb von unten reinigen, ferner Bürsten der Fangrostreinigung an Stelle von Schnecken (wie bei der „Invicta"). Die „Revolution", die ältere der beiden Maschinen (Dunstputzmaschine von 1891) enthält ein Filter zur Staubausscheidung, und beide haben feste Längsfangroste. Auch die Secksche „Reform" wurde mit und ohne Filter gebaut, in erster Art dann, wenn es sich um ganz feinen Dunst handelte. Die Filter sind später wieder verschwunden, weil es gelang, den Staub in der Maschine loszuwerden, der Exhaustor blies dann in den freien Mühlenraum. Heute werden die Putzmaschinen bekanntlich zentral entstaubt; damit fällt die übermäßige und verteuernde Rücksicht auf Staubfreiheit beim Austritt der Luft weg, der Staub wird im gemeinsamen Filter zurückgewonnen.

Auch die **Reinigungsmaschinen** sind in den letzten Jahrzehnten des vergangenen Jahrhunderts verbessert worden. Der Aspirateur ist nur wenig verändert (Abb. 133, Bauart Luther 1892); an seine Stelle treten gelegentlich ein oder mehrere Zylinder mit starker Aspiration, oft mit dem Trieur in einer Maschine vereinigt.

Seit jeher träumte man davon, durch restloses Entfernen der Schale, des Keimes und des Bärtchens das Mahlverfahren auf ein Minimum zu beschränken. In der Blütezeit des „Deutschen Mahlganges" wurde das Getreide vor der Vermahlung durch „Spitzen", d. h. zwischen hochgestellten Steinen auf einem Spitzgange gereinigt (Abb. 80), wobei außer dem groben Schmutze die Kornspitze, das Bärtchen, der Keim und Teile der spröden Schale entfernt, aber auch viele Körner zerbrochen wurden und mit der Spitzkleie verlorengingen. Wie wir bereits wissen, bauten zuerst die Amerikaner brauchbare Reinigungs-

lution" wie „Denis", die im Anfang der neunziger Jahre entstanden, bald aber durch die „Brillant" abgelöst wurden (Abb. 130 bis 132), zeigen einerseits die Kette mit den Bürsten,

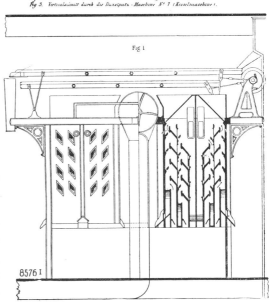

Abb. 122. Kaskaden-Grießputzmaschine, Patent C. Haggenmacher Nr. IV groß

anlagen, die auch die Entfernung der groben Beimengungen als Ziel gesetzt hatten (Stroh, Ähren, Steinchen, Erdklumpen usw.). Wenn ihnen das Schälen nur zum Teil gelungen ist, so kann doch selbst bei unseren heutigen Schälmaschinen eine vollkommene Entfernung der Samenschale vom Mehlkerne auf rein mechanische Art nicht verlangt werden, sie wäre eine Utopie, da der Bau des Weizen= und Roggenkorns diesem frommen Müllerwunsch einen Riegel vorschiebt. (Vergleiche Getreidekunde, Seite 7.) Aber nicht allein verschieden hart sind die Weizensorten, die Körner sind auch unterschiedlich groß, und daher ist es unmöglich, auf mechanische Art die besonders im Spalt sitzenden und bis ins Innere des Getreidekorns reichenden Schalenteile herauszuholen. Wir müssen uns damit begnügen, die Spit-

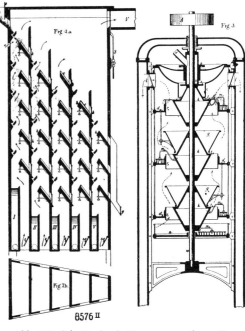

Abb. 123. Schnitt durch Haggenmachers Kaskade Nr. III (Fig. 2a und 2b) und Haggenmachers Dunst= (Kessel=) Putzmaschine Nr. 1

zen des Kornes mit den Bärtchen, den Keim und einen Teil der Schalenhäute zu entfernen, wenn nicht die zarten Körner bis auf Teile des Mehlkernes angegriffen, zerbrochen oder sogar der Inhalt der Stärkezellen in die Reinigungskleie gelangen soll. Die möglichst restlose, dabei einfache Entfernung der nach dem Schälen am Korne noch haftenden Schalenteile, auch der des Spaltes, ist die Kunst der weiteren Vermahlung; sie muß so geschehen, daß wohl der Mehlkern zerkleinert wird, aber nach Möglichkeit die Schale ganz läßt und nicht ebenfalls zu „Mehl" macht (vgl. das Arbeitsdiagramm der automatischen Mühle, Abb. 152).

Die Maschinen zum Spitzen und Schälen des Getreides besitzen entweder metallische oder naturharte Reibflächen (Stein= oder Schmirgelscheiben). Zu den metallischen Reibflächen gehören

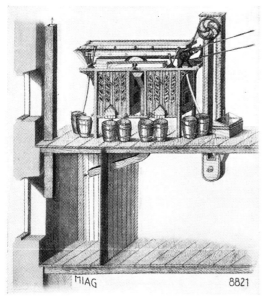

Abb. 124. Kaskaden = Grießputzmaschine, Patent C. Haggenmacher Nr. IV groß (aus den achtziger Jahren des vorigen Jahrhunderts), Außenansicht zu Abb. 122

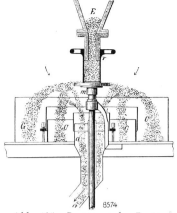

Abb. 125. Rotierende Putz=
maschine von Buchholz

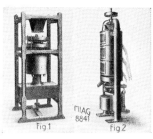

Abb. 126. Dunstputzmaschinen
Patent Hamma (Fig. 1) und
C. Haggenmacher Nr. 1 (Fig. 2,
mit Windflügel) rotierender Bauart
(um 1880) von G. Luther, Braun=
schweig

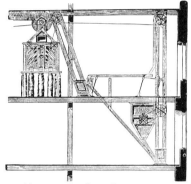

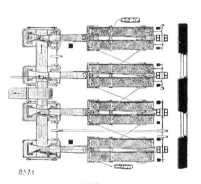

Abb. 127. Grieß= und Dunstputzerei (aus der zweiten Hälfte des vergangenen
Jahrhunderts; Anordnung Hoerde & Co., Wien)

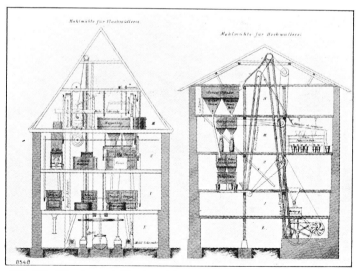

Abb. 128. Flach= und Hochmühle aus der ersten Hälfte des vergangenen
Jahrhunderts. Links: Hopperboy, Aufzug, Mehlschraube (unter den Gängen);
rechts: Putzmaschinen mit Sauberer und Zylinder, Riemenantrieb der Gänge

gelochte, geraspelte und geschlitz=
te Bleche sowie die Sägen. Die
Wirkung kann mehr scheuernd
oder schälend sein, je nachdem
aus welchem Material die Reib=
flächen hergestellt werden und wie
lange man die Körner ihrer Ein=
wirkung aussetzt. Zu den stark
angreifenden Schälmaschinen
gehören der erwähnte amerika=
nische Rubber (Reibkegel, Abb. 81
links) und die zylindrische Schäl=
maschine von Cartier, beide aus
Reibeisenblech; solche Bleche
wirken sehr ungleichmäßig, erst
zu scharf, und, da sie leicht stumpf
werden, später ungenügend. Sie
besitzen daher nur historischen
Wert, ebenso wie die Schäl=
maschinen von Aumann mit Säge=

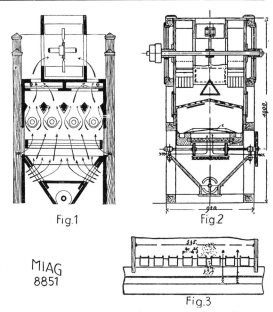

Abb. 129. Alte Grieß= und Dunstputzmaschinen
mit Sieben, von vorm. Gebr. Seck, Darmstadt. Fig. 1:
,,Invicta''; Fig. 2: ,,Reform''; Fig. 3: Roste der ,,Reform''

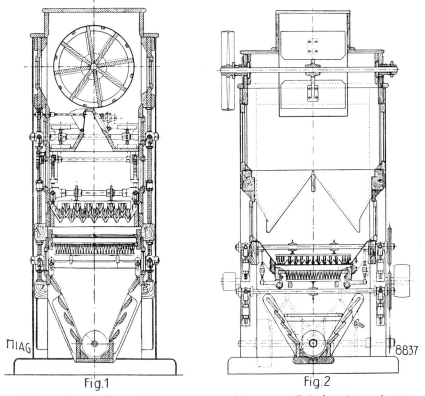

Abb. 130. Alte Grieß= und Dunstputzmaschinen von G. Luther, Braunschweig.
Fig. 1: Querschnitt der ,,Revolution'' mit Filter; Fig. 2: Querschnitt der ,,Denis'' ohne Filter

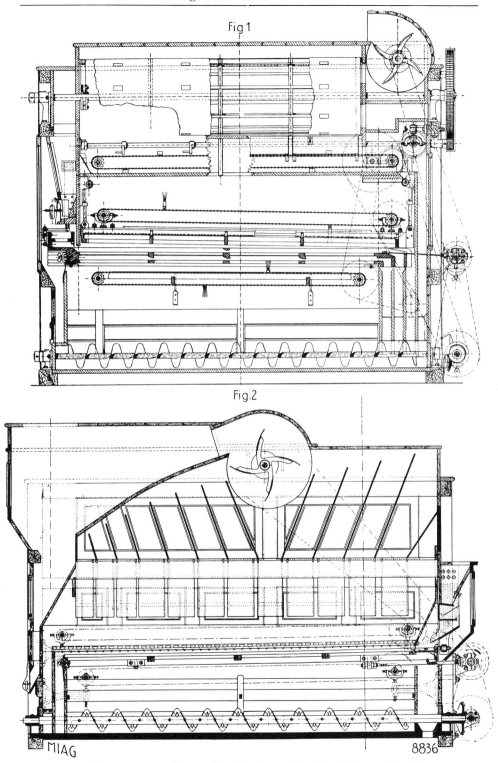

Abb. 131. Längsschnitte des „Revolution" (Fig. 1) und „Denis" (Fig. 2)

blättern (Abb. 81 rechts) und die mit horizontal liegenden Kreissägen. Die älteste Schälmaschine ist der Spitzgang mit zwei Steinen (Abb. 80 rechts) und der Schälgang mit einem Steine (gegen Metallblech oder Gewebe arbeitend, Abb. 80 links), beide meist vertikal gelagert. Beim Spitzgang wird zuweilen der untere Stein angetrieben; diese Unterläufer sind noch heute als Spitz- und Enthülsungsmaschinen für Reis und Hafer in Verwendung (Abb. 139, Fig. 1). Ähnlich wirken die Tellerspitzmaschinen, welche aus mehreren tellerartigen, oft koni-

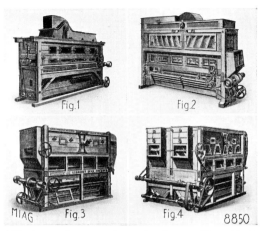

Abb. 132. Außenansichten alter Putzmaschinen. Fig. 1: „Invicta" (Seck); Fig. 2: „Denis" (Luther); Fig. 3: „Reform" (Seck); Fig. 4: Amme, Giesecke & Konegen (doppelte Bauart)

schen, neben- oder übereinanderliegenden Schmirgelscheiben bestehen. Die erwähnten Konstruktionen wurden durch die Spitz- und Schälmaschine mit zylindrischem stehendem oder liegendem Schmirgelmantel überholt; ein im Inneren dieses Mantels schnell laufendes, mit Drall versehenes Schlagleistensystem fördert das Getreide von einem Zylinderende zum anderen (in Spiralform), wobei es an der rauhen Fläche geschält wird. Staub- und Schalenteile werden beim Auslauf sowohl (zuweilen auch am Einlauf) als auch während der Schälung durch Schlitze im Schmirgelmantel abgesaugt (vgl.

Abb. 133. Aspirateur G. Luther (1892)

Neuzeitlicher Mühlenbau, Abb. 193, 194). Der Schmirgel hat sich seit den sechziger Jahren des vorigen Jahrhunderts wegen seiner Dauerhaftigkeit und guten

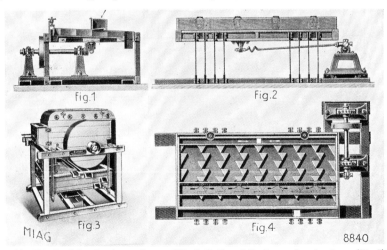

Abb. 134. Paddy-Steinausleser (Fig. 1, 2, 4) und Rotary-Aspirateur (Fig. 3)

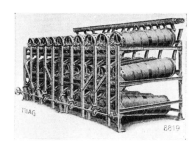

Abb. 135. Trieur-Batterie

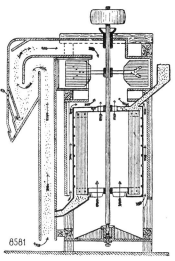

Abb. 136. Stehende „Eureka"

Schälwirkung allgemein eingeführt. Nimmt man statt des Schmirgelmantels Stahldrahtgewebe (auch geschlitztes Blech), so ist die Wirkung sanfter, mehr scheuernd. Eine derartige Scheuermaschine stellt die „Eureka" dar[1] (Howes, Babcock & Co. in Silver Creek, Abb. 136), deren Prinzip von vielen anderen Firmen angewendet wurde; noch heute ist vielen Müllern die stehende Eureka von Seck bekannt (Abb. 139, Fig. 3). Die Form der Bürstmaschinen schließt sich der der Schälmaschinen an; sie haben den Zweck, die lose am Korn haftenden Schalenteile zu entfernen. Als Bürstmaterial kommen Borsten, dünnes Rohr, Piassava oder Draht in Verwendung. Die Anordnung der Bürsten kann zylindrisch, kegelförmig, scheiben- oder tellerförmig sein, die Lagerung der Antriebswelle horizontal oder vertikal (Abb. 139). Die gewöhnlich auf einem Schlagkreuzsystem angeordneten, horizontalen Bürsten mit dazwischenliegenden Drall-Leisten sind auch heute die gebräuchlichsten. Sie arbeiten gegen andere Bürsten oder gegen Mäntel aus gelochtem Blech bzw. Drahtgewebe. Bürstmaschinen finden auch in der Mühle Verwendung, worauf wir später in Teil B zurückkommen. Als Beispiele der Tellerbürstmaschine führen wir ein bekanntes Erzeugnis der Firma Gebr. Seck, Darmstadt, im Bilde vor, und eine alte, horizontal gelagerte Maschine Luthers (Patent Ingen. Louis Gathmann, Chikago), beide aus der Zeit zwischen 1870 und 1900 (Abb. 139, Fig. 2, 4). Auch kombinierte Spitz-, Schäl- und Bürstmaschinen kommen in den Handel

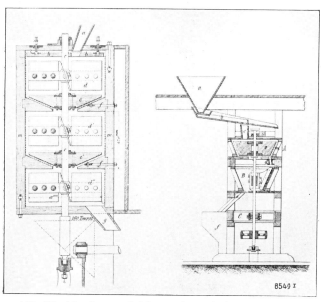

Abb. 137. Alte Spitz- und Schälmaschinen (rechts Bauart Fink)

[1] Griechisch „Heureka": „Ich hab's gefunden", Ausspruch von Archimedes.

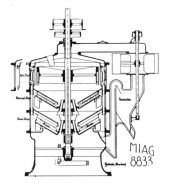

Abb. 138. Kombinierte Schäl-, Spitz- und Bürstmaschine (Tellermaschine), G. Luther, 1895

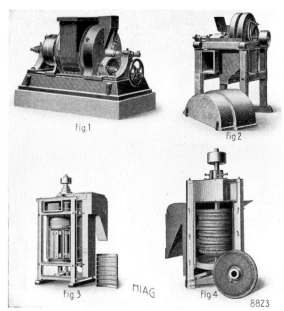

Abb. 139. Außenansichten alter Schäl- und Bürst- maschinen. Fig. 1: Horizontalgelagerter Spitzgang (Luther); Fig. 2: Horizontalgelagerte Bürstmaschine (Luther); Fig. 3: Vertikale „Eureka" (Seck); Fig. 4: Tellerbürstmaschine (Seck)

(Abb. 138). — Nicht unerwähnt soll zuletzt der Paddy-Stein- ausleser (Abb. 134) bleiben. Das Getreide wird durch drei- eckige Klötzchen hin und her geschleudert und geht nach der oberen Seite des schrägen Kastens; Steine, Sand und schwere Beimengungen nach der tiefer liegenden Seite des Bodens und werden, wie das Getreide, in Rinnen gesammelt. — Mitte der achtziger Jahre kam auch die Wäscherei und Trock- nerei für Weizen auf, um Steine und erdige Be- standteile von Körnergröße, Brandkugeln usw. zu entfernen (Abb. 140, Fig. 2, Wäscherei von Gebr. Seck, Darmstadt, von 1895). Ein oder zwei drehende Kupferzylinder nehmen mit Wasser das Getreide auf; das Getreide schwimmt ab, Steine werden am Trommelboden zum Einlauf zurückbefördert und fallen heraus. Wasser und Frucht gelangen in einen unter dem Zylinder liegenden Kasten, wo die leichteren Körner sich auf der Wasseroberfläche sammeln, während die schweren in eine untere Trockenschleuder mit gelochtem Blechmantel gelangen, schließlich in den oberen Zylinder, an dessen Ende sie die Maschine verlassen. Ein Ventilator auf jeder Stirnseite drückt trockene Frischluft durch Blech- schlitze und Auslaufrohr und fördert das Trock- nen. Die weicheren Sorten werden in einem Trockenschacht aus Schlitzblechen getrock- net. Der obere Teil dieses Schachtes erhält Heißluft, der untere Frischluft normaler Raum- temperatur, beides Druckluft. Die Arbeitsweise

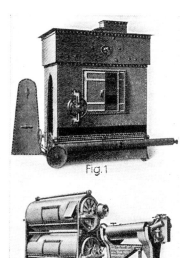

Abb. 140. Getreidetrockner (Fig. 1) mit Exhaustor von G. Luther (1892) und Wäscherei (Fig. 2) von Seck, Darm- stadt (1895, Wasch- u. Trockenmaschine)

62

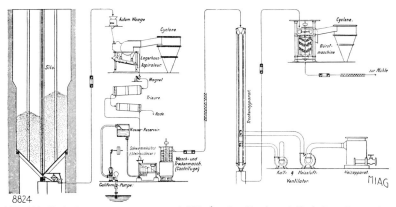

Abb. 141. Reinigungsdiagramm mit Wäscherei u. Trocknerei (Seck, Dresden 1900)

des Trockenschachtes läßt das Wäscherei≈Diagramm (Abb.141) aus dem Jahre 1900 erkennen, das auch einen verbesserten Steinausleser zeigt. Einen Getreide≈trockenapparat mit eingebautem Exhaustor und Kessel≈ oder Abdampfheizung stellt eine ältere Konstruktion Luthers von 1892 dar (Abb. 140, Fig. 1).

Eines der wichtigsten Elemente, mit denen man heute in der Müllerei rechnen muß, ist die **Luft**; wir wissen, daß durch die amerikanische Müllerei mit ihren hohen Leistungen mittels der französischen Quarzsteine ein Bedürf≈nis nach Lüftung des Mahlgutes entstand, denn eine trockene Ware erhält die Sichtfähigkeit der Seidengaze, die Elevatoren usw. und fördert die Vermahlung. Zum Kühlen des Gutes wurde von den Amerikanern ein Lehrjunge beauf≈tragt, der das Schrotgut umschaufeln mußte, später verrichtete ein Kühlapparat, der Hopperboy (Abb. 82) diese Arbeit; die Mahlgänge selbst blieben ohne Luftabzug. In der Entstehungszeit der Wiener Hochmüllerei, also vor 100 Jahren, benutzte man nur Abzugsrohre, die in die oberen Stockwerke führten und von einem Kasten ausgingen, der unter den Mahlgängen angeordnet war, um das Mahlgut zu sammeln und an den angeschlossenen Elevator zum Über≈heben auf die Zylinder weiterzugeben (vgl. Abb. 89). Selbst durch Löcher im Läufer versuchte man Luft zwischen die Mahlbahn zu bringen, es kamen größere Luftfurchen in der Mahlfläche auf, und schließlich drückte oder zog man die Luft durch diese Kanäle hin≈durch. Die auf letzte Art bewirkte

Abb. 142. Alte Wäscherei (Amme, Giesecke & Konegen) mit Steinausleser Weinhold (rechts), Vorzentrifuge, Abspritzschnecke, Trockenzentrifuge

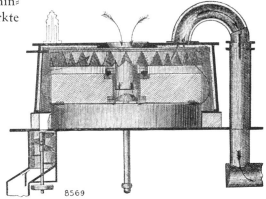

Abb. 143. Alte Mahlgangsaspiration

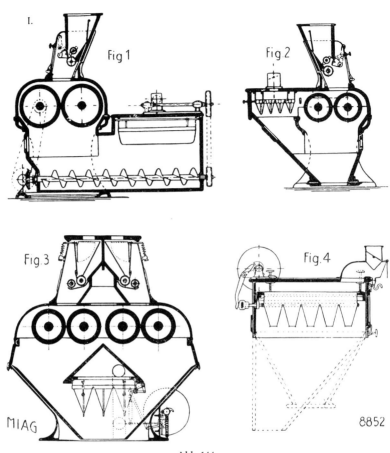

Abb. 144
Veraltete Walzenstuhlfilter

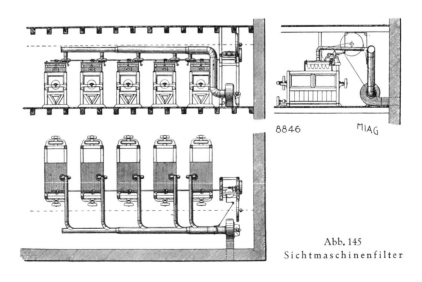

Abb. 145
Sichtmaschinenfilter

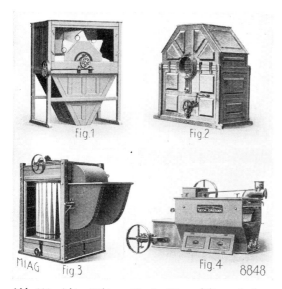

Abb. 146. Alte Filter. Fig. 1: Sternfilter, Luther-Meyer; Fig. 2: Sternfilter für große Mühlen, Luther; Fig. 3: Senkrechtes Sternfilter mit angebautem Exhaustor; Fig. 4: Walzenstuhlfilter für eig. Aufstellung

Aspiration war zunächst unbeliebt, denn sie kostete dem Müller pro Tag und Gang bis 1 Ztr. Verstaubung. Prof. H. Fischer (Hannover) gebührt das Verdienst, schon um die Mitte des vorigen Jahrhunderts die Bedeutung der Saugwindventilation für die Mahlgänge erkannt zu haben, wenn auch Jaacks & Behrens (Lübeck) die ersten Mühlenbauer waren, die eine brauchbare Konstruktion lieferten.

Abb. 147 Rohr-Mischerei für Mehl

Letztere zeichnet sich durch ein von Hand abzuklopfendes Filter aus (Abb. 143), welches den Mehlstaub nach dem Abklopfen an den Gang zurückgibt und dem Exhaustor nur die reine, warmfeuchte Luft überläßt. Beim heutigen Mahlgange wird das Abklopfen durch eine Abklopfuhr erledigt, die automatisch vom Mühleisen aus nach einer bestimmten Zeit ein Luftdrosselventil schließt und das Filter abschüttelt.

Auch die Aspiration der Walzenstühle hat eine erwähnenswerte Geschichte. Durch die reibende Arbeit der Walzen werden große Mengen an Energie nutzlos in Reibungswärme umgesetzt, und es ist daher nicht zu verwundern, wenn anfangs an der Berührungsstelle der Walzen eine Temperatur bis 50^0 C festgestellt wurde. Erst versuchte man durch Wasser oder Luft das Innere der Walzen und damit den ganzen Stuhl abzukühlen, dann ging man daran, wie beim Mahlgang noch heute üblich, in den Stuhl selbst Filter ein- oder anzubauen. Wir zeigen in Abbild. 144 einige Seckkonstruktionen angebauter Filter mit Handabklopfung und selbsttätiger Abklopfung für einfache Stühle, ferner für Dop-

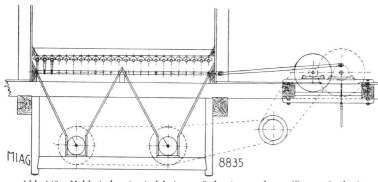

Abb. 148. Mehlmischerei mit kleinen Schwingwalzen (Bauart Luther)

pelstühle eine Filteranordnung in der Mitte des Stuhles (Abb. 144, Fig. 3) zwischen den Walzenpaaren (ebenfalls mit automatischer Abklopfung); Fig. 4 stellt ein Filter dar, welches, vom Stuhl unabhängig, an das Ablaufrohr des Walzen= stuhles zum Elevatorfuß eingeschaltet wird; Abb. 146, Fig. 4 schließlich erzielt den Anschluß durch einen erhöhten Schneckentrog, auf welchem das Filter mit Abklopfvorrichtung aufgesetzt ist.

Die Staubabscheidung aus der warmfeuchten Luft kann entweder dadurch erfolgen, daß man sie in einen Staubsammler d r ü c k t, wobei der Exhaustor zwischen diesem und der Staubentnahmestelle eingefügt ist, oder dadurch, daß man die Staubluft durch einen Sammler s a u g t, wobei die Reihenfolge die

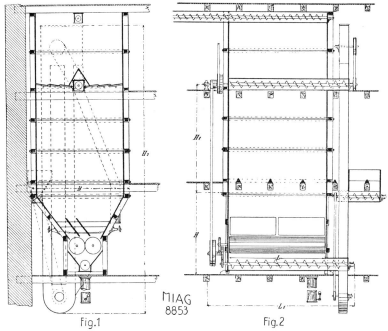

Abb. 149. Mischerei mit W a l z e n (Bauart Gebr. Seck, Dresden)

ist: Entnahmestelle, Filter, Exhaustor. Der erste Weg ist in der Regel billiger, aber auch schlechter und wird deshalb heute nur in Ausnahmefällen ange= wendet; er hat den Hauptnachteil, daß er bei Undichtigkeiten der unter Druck stehenden Rohrleitung (und des Filters) den Staub in die Mühlenräume bläst, was bei der anderen Anordnung nie vorkommen kann, da das Filter und dessen Zuleitung stets Unterdruck besitzen. Man unterscheidet bei **Druckwind:** 1. Staubkammern, 2. Zyklone, 3. Druckfilter. Die Arbeitsweise der veralteten Staubkammern ähnelt derjenigen des heute noch verwendeten Zyklons, die darin besteht, daß die vom Exhaustor kommende Staubluft plötzlich ihre Ge= schwindigkeit verringert; damit wird der Staub gezwungen sich abzusetzen, die reine Luft entweicht an der Decke der Staubkammern oder des Zyklons ins Freie. Staubkammern und Zyklone (Abb. 191) nehmen viel Raum weg und sind zur Abscheidung des feinsten Staubes ungeeignet. Besser sind die D r u c k f i l t e r (vgl. Abb. 229), aus zahlreichen Schläuchen bestehend, durch welche man die Luft drückt und den Staub im Innern zum Absetzen zwingt; die reine Luft tritt durch die Schläuche wieder in die Mühle. Die beste Staubförderung wird durch **Saugluft** erreicht; auch hier können Staubkammern und Zyklone

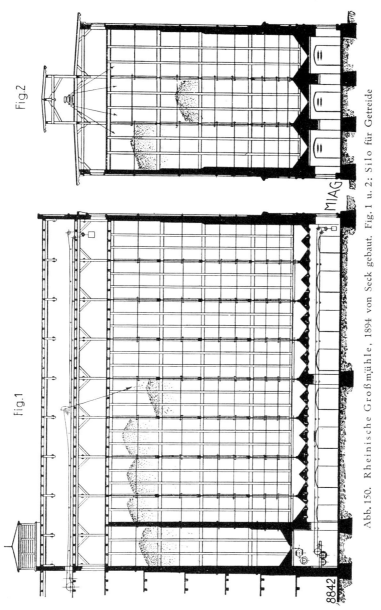

Abb. 150. Rheinische Großmühle, 1894 von Seck gebaut. Fig. 1 u. 2: Silo für Getreide

verwendet werden — allerdings nur selten —, meist benutzt man automatisch abklopfbare Filter. Die Abklopfvorrichtungen sind recht mannigfaltig. Lange Zeit mußten die staubigen Tücher zwecks Reinigung mit der Hand gerüttelt werden; man unterscheidet hauptsächlich schlauchförmige, zickzack= förmige und Sternfilter. Ein altes Filter aus den Jahren 1890 (Luther=Meyer)

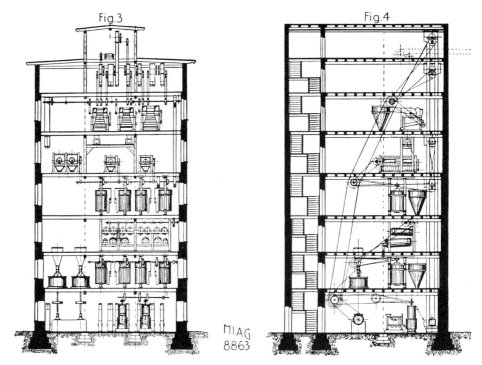

Abb. 150. Fig. 3 u. 4: Quer= und Längsschnitt der Reinigung

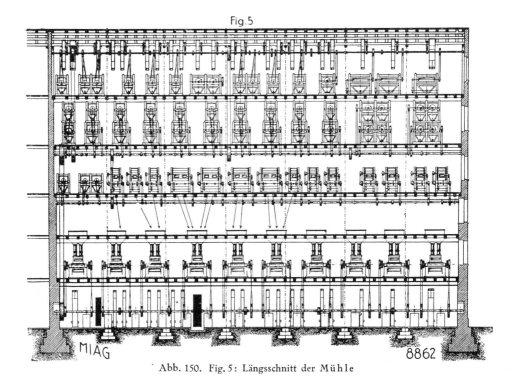

Abb. 150. Fig. 5: Längsschnitt der Mühle

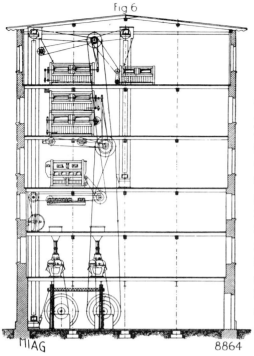

fig 6

MIAG   8864

Abb. 150. Fig. 6: Querschnitt der Mühle

sei hier als Beispiel eines Stern≈
filters beschrieben (Abb. 146, Fig. 1).
Um ein horizontalliegendes, oben of≈
fenes Absauge≈ oder Luftaustrittrohr
dreht sich luftdicht ein sechsstrahliger
Armstern, dessen Spitzen durch bügel≈
förmige Rundeisen einen zylindrischen
Filterstern bilden. Die Staubluft wird
in das äußere, umschließende Gehäuse
eingeführt, dringt durch die Filter≈
spitzen, setzt den Staub außen ab und
geht gereinigt durch das innere Rohr
zentral nach außen (auf der anderen
Seite als im Bilde zu sehen) in einen
ins Freie blasenden Exhaustor. Der
Stern ist mit einem Schneckenstirn≈
rad verbunden und wird durch ein
Schneckenvorgelege und eine Antriebs≈
scheibe in dauernde langsame Drehung
gebracht. Das unten geschlossene, oben
mit dem Sterninneren verbundene zen≈
trale Rohr für die reine Luft schließt
jeweilig die unterste Sternspitze ab und
bringt die Stern≈Tuchspitze durch ein Loch im Filter (Stirnseite) und Gehäuse, das
sonst vom Gehäuse abgeschlossen wird, unter entgegengesetzten Luftzug, d. h. die
Luft tritt vom Sterninnern in den Gehäuseraum. Jetzt schnappt die an der Spitze
des Filters sitzende Feder an einer Knagge ab und schüttelt den Staub herunter.
Dieser sammelt sich im Auslauftrichter, wird abgesackt oder geht in eine Schnecke.

Gebrüder Seck bauten um das Jahr 1900 eine Anlage für zentrale Lüftung
von Sichtmaschinen mit gemeinsamer Abklopfvorrichtung (Abb. 145). Zickzack≈
filter sind heute nur noch in Mahlgängen üblich; Rotarysiebe wurden schon früh≈
zeitig durch Exhaustoren gelüftet, die sich an Einlaufaspirationskästen anschlos≈
sen. — Das moderne Saugfilter (Abb. 231) besteht aus einzelnen Ab≈
teilungen mit mehreren, ungefähr 3 m hohen Baumwollschläuchen; in das
Innere derselben tritt die Staubluft ein, läßt nach dem Abschütteln der
Schläuche bei Luftabschluß die Staubschicht in einen unten liegenden Sammel≈
trog fallen, und die gereinigte Luft geht durch den Schlauch nach außen zu
einem Exhaustor, der sie auf dem kürzesten Wege meist ins Freie bläst. Nur
wenige Müllereimaschinen brauchen keine Lüftung, denn zur Förderung, zum
Kühlen, bald zum Putzen, zum Sichten usw. ist sie unentbehrlich und für
die neuzeitliche Mehlfabrikation ein Gebot der Selbsterhaltung (sonst Staub≈
explosionen, Feuersgefahr!), der Gewerbehygiene und der Sauberkeit. Es soll
hier auf das Saugfilter nicht weiter eingegangen werden, da es eine Maschine
der neuzeitlichen Mühle nach 1900 ist.

Auch die **automatischen Mehlmischmaschinen** sind Kinder der letzten
Jahrzehnte vor 1900. Anfangs mischte man durch Ausstreuen und Zusammen≈

schaufeln, eine staubige und umständliche Arbeit, dann kamen die drehbaren Streuteller auf. Letztere bestanden aus Drehscheiben mit Stiften im Oberteil der Mischkammer und einer Gosse im darüberliegenden Geschoß, wo die Sorten gemeinsam aufgeschüttet wurden; dieser Vorgang mußte wiederholt werden, ehe das Mehl unter einer Gosse mit Sackrohr zur Absackung kam. Das Betreten der Kammer brachte Erstickungs= und sogar Explosionsgefahr (bei offenem Licht).

Eine eigenartige Mischanlage stellen wir in Abb. 147 dar; sie besteht aus einer senkrechten sich drehenden Röhre, welche das Mehl verschiedener Mehlschichten herauskratzt und nach unten in den Mischelevator befördert.

Zu den ersten automatischen Mischmaschinen Luthers gehören die mit schwingenden Halbwalzen (Abb. 148). Bei der gedrehten Lage (um 90⁰) fällt durch die Zwischenräume auf der ganzen Fläche das verschiedenartige Mehl, welches durch Schnecken gemischt und aus der Maschine gebracht wird. Ein ein= stellbares Kurbelgetriebe erzeugt die Schwingung der kleinen Walzen. Diese Schwingerbauart verbesserte Luther später unter Anwendung einer einzigen Walze.

Besser sind die neueren automatischen Mischmaschinen mit vollen Holz= walzen, welche das Mehl auf der ganzen Länge einem größeren Behälter entnehmen. Das zusammengeschneckte, gemischte Mehl fällt in einen Elevator; eine unten offene Schnecke schüttet es von oben wieder in den Behälter zurück (ein Vorgang, der sich wiederholt, bis eine gute Mischung erreicht ist), dann wird gewöhnlich vom Elevator, besser von der oberen Schnecke, ab= gesackt. Um das von der Mühle kommende ungemischte Mehl aufzunehmen, wurden die Behälter durch jalousieartige Klappen horizontal oder durch Wände vertikal geteilt. — In die gleiche Zeit gehören die Erfindungen der ersten **automa= tischen Wagen**, der **Riffelmaschine** (Abb. 108), des **Bürstendetacheurs** und der **Sackpack= maschine,**

alles Maschi= nen, auf die wir im näch= sten Teil noch zurück= kommen müssen. — Zum Schluß seien einige Mühlenbil= der ausge= führter Ge= samtanlagen des zuletzt besproche= nen Zeital= ters betrach= tet, um auch hier voll=

Abb. 151. Innenansichten einer Mühle aus dem Jahre 1895/96 mit Mahlgängen und Sichtmaschinen, gebaut von Seck

Abb. 153. Blick in einen Plansichtersaal mit hängenden, niedrigen Haggenmacher=Plansichtern (zu Abb. 152)

ständig zu bleiben. Abb. 150 (Fig. 1–6) zeigt uns eine um das Jahr 1894 von Gebr. Seck (Dresden) um= und neugebaute rheinische Großmühle mit einer täglichen Vermahlungsleistung von 100000 bis 120000 kg Weizen. Ohne auf die Transportmittel einzugehen (Elevatoren, Schnecken und Rohre), gilt für die Reinigung des Getreides folgender Weg: Silo, Aspirateur, automatische Wage, Magnetapparat, Zylinder (Trennung von Groß= und Kleinweizen), senkrechte Eureka, Trieure, Tellerbürstmaschinen, Schlammkübel (Steinausleser), Zentrifuge, Lagersilos, Bürstmaschine, Mühle. Die Lüftung erfolgt durch Zyklone, die Abfallvermahlung auf Schrotgängen. In der Mühle wird auf Hartgußwalzen geschrotet, Grieße und Dunste auf Hartguß= und Porzellanwalzen, die Restprodukte auf Mahlgängen ausgemahlen. Zentrifugal=Sichtmaschinen besorgen die Sichtung, Grieße und Dunste werden auf „Reform"=Putzmaschinen geputzt.

Gutsmühle Hülsede

Zustand um 1820

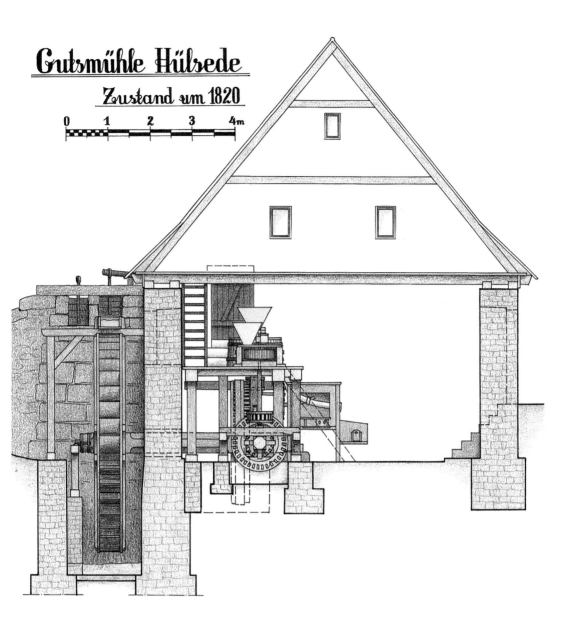

Die alte Vermahlungstechnik, bestehend aus Mahlgang und Beutelkasten, hat sich in den Wassermühlen teilweise über viele Jahrhunderte erhalten. Die im 16. Jahrhundert erbaute Gutsmühle in Hülsede am Deister behielt diese Technik bis Mitte des 19. Jahrhunderts bei und wurde dann nach englischem System umgerüstet. In der Zeichnung ist sie bereits durch einen Schälgang zur Getreidereinigung erweitert worden.

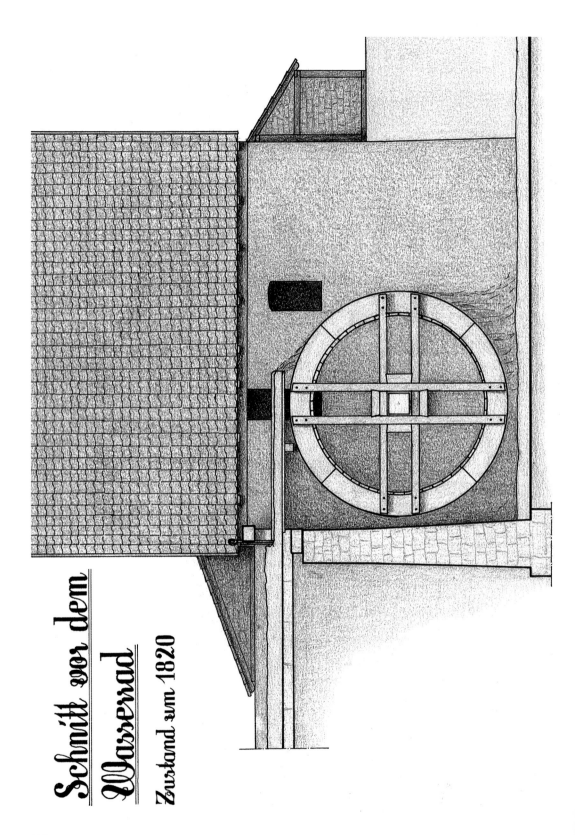

Schnitt vor dem
Wasserrad
Zustand um 1820

Bockmühle in Choltice — Krs. Opava

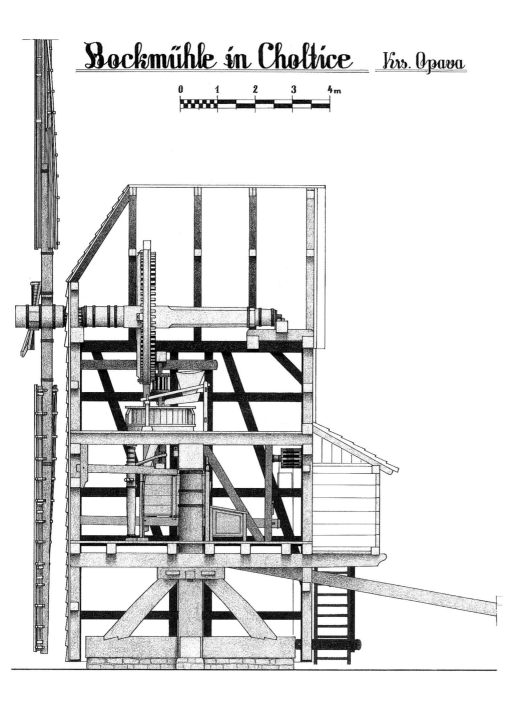

Vermutlich um die Wende zum 12. Jahrhundert wurden in Mitteleuropa die ersten Windmühlen in Form von Bockmühlen entwickelt. Auch diese behielten das alte Vermahlungsprinzip mit Mahlgang und Beutelkasten über viele Jahrhunderte bei. In einzelnen Regionen hat man diese Technik sogar bis in die Endzeit der Windmüllerei weiterverwendet, wie dieses Beispiel einer Mährischen Mühle beweist.

Die Stühr-Mühle in Martfeld
Lkrs. Diepholz

0 1 2 3 4 5m

Die im 16. Jahrhundert zunächst als Wasserschöpfmühlen und später für viele Zwecke genutzten Holländermühlen boten in ihren festen Gebäuden Platz für mehrere Mahl-werke und eine Vielzahl von Müllereimaschinen.

Windmühle Lübberstedt

Lkrs. Osterholz

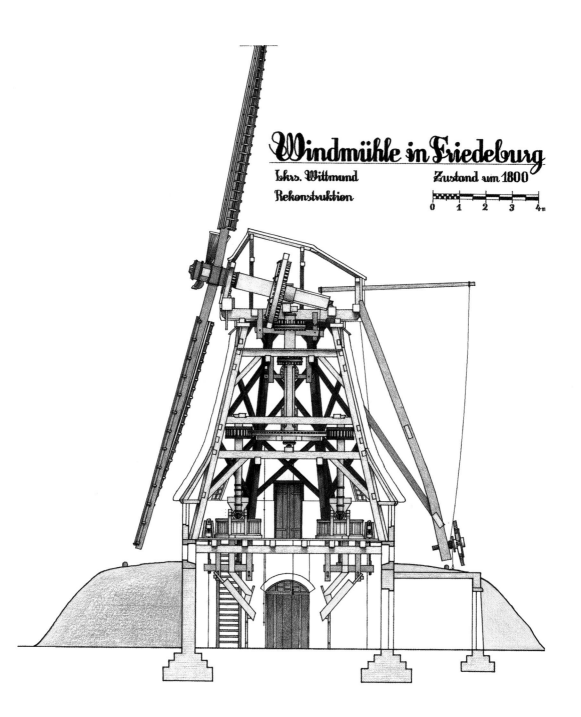

Windmühle in Friedeburg

Lkrs. Wittmund   Zustand um 1800

Rekonstruktion

0 1 2 3 4 m

Zunächst wurden auch Holländermühlen recht klassisch eingerichtet, wie dieses Beispiel einer Ostfriesischen Mühle zeigt. Im Gegensatz zu den älteren Bockmühlen war es hier durch den Einsatz eines Zwischengetriebes („Königswelle" genannt) möglich, mehrer Steinmahlgänge zugleich anzutreiben.

Windmühle in Friedeburg

Lkrs. Wittmund   Zustand um 1800

Rekonstruktion

0   1   2   3   4m

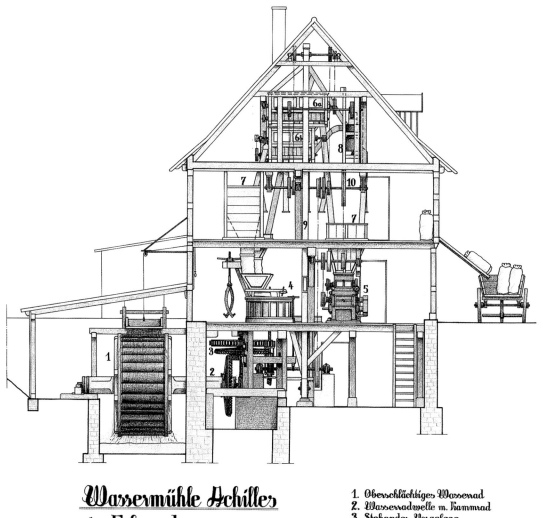

Wassermühle Achilles
in Erkerode, Lk. Wolfenbüttel

Rekonstruktion der technischen
Einrichtung um ca. 1910

1. Oberschlächtiges Wasserrad
2. Wasserradwelle m. Kammrad
3. Stehendes Vorgelege
4. Steingang
5. Walzenstuhl
6. a) Sechskant-Vorsichter
   b) Zentrifugal-Mehlsichter
7. Rückschütt-Vorbehälter
8. Eureka-Schälmaschine
9. Elevator
10. Haupttransmission

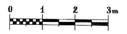

Wie weit sich die Mühlentechnik im ausgehenden 19. Jahrhundert entwickelt hatte zeigt das vorliegende Beispiel. Die Mühle Achilles verfügte bereits neben zwei Stein- mahlgängen mit gusseisernem Triebwerk auch über einen Walzenstuhl und neuzeitliche Sichtmaschinen an Stelle des alten Beutelkastens. Weiterhin über eine Getreidereini- gung in Form einer Scheuermaschine „Eureka" und mechanische Fördereinrichtungen in Form von Elevatoren.

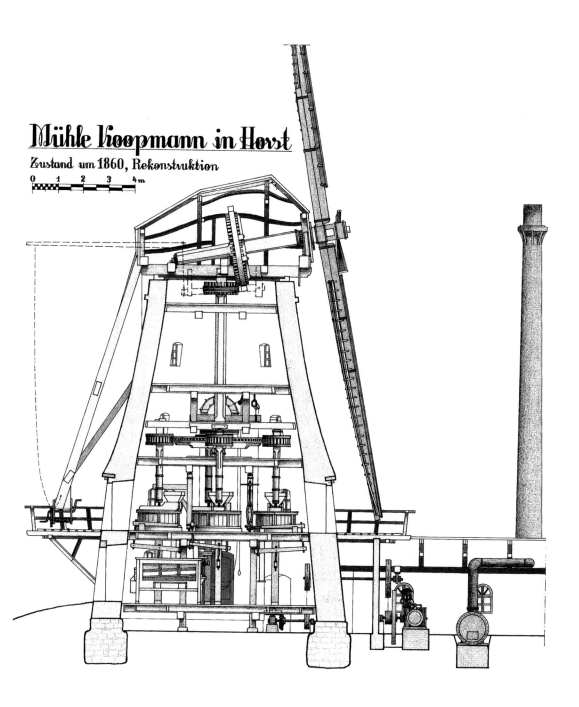

Mühle Koopmann in Horst

Zustand um 1860, Rekonstruktion

0 1 2 3 4m

Die Erfindung der Dampfmaschine brachte auch für Mühlen eine neue Antriebskraft. Zunächst richteten viele Windmüller sich kleinere Dampfmaschinen als Aushilfskraft bei Windmangel ein. Die hier abgebildete Windmühle in Horst war 1855 eine der ersten in der früh industrialisierten Region Hannover.

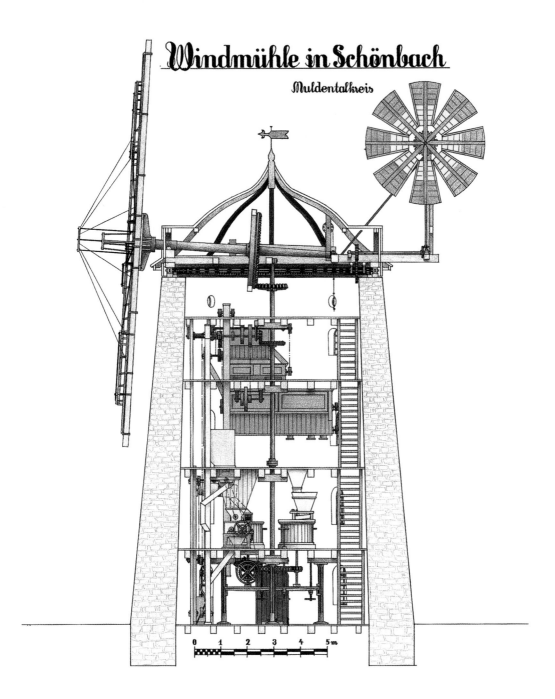

Windmühle in Schönbach

Muldentalkreis

0 1 2 3 4 5m

Auch in den klassischen Naturkraft-Triebwerken der Mühlen fanden seit Beginn des 19. Jahrhunderts Verbesserungen statt. Bei einigen Windmühlen versuchte man durch 5-, 6- oder gar 8-flüglige Triebwerke mehr Leistung zu erzeugen. Ein Irrtum, der erst wesentlich später belegt wurde. Die Schönbacher Mühle in Sachsen zeigt als weiteren Schritt den Fortgang vom klassischen Flügelkreuz zum Turbinen-Windrad.

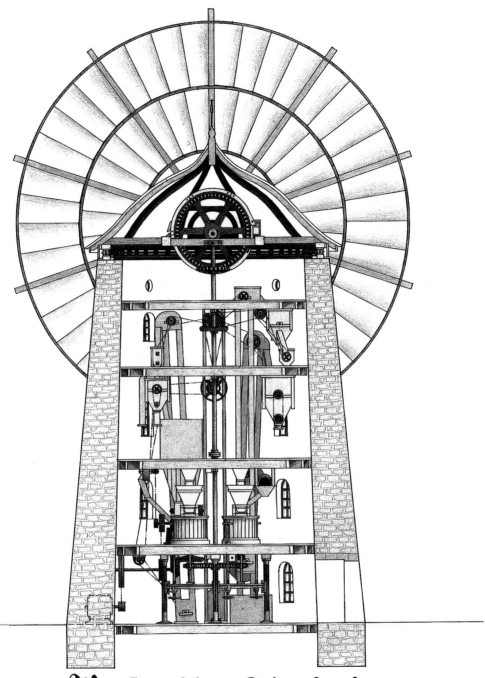

Windmühle in Schönbach

Muldentalkreis

0 1 2 3 4 5m

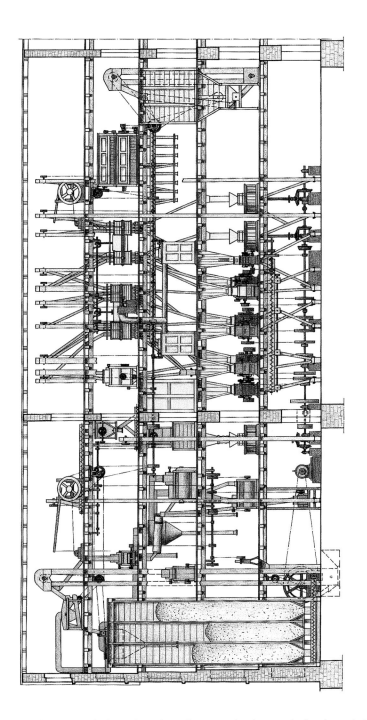

Getreidemühle der Königshütte in Bad Lauterberg.

Das ausgehende 19. Jahrhundert brachte auch den Schritt in Richtung industrieller Großmühlen. Eine der ältesten Anlagen dieser Art war die 1888 aus einem Umbau entstandene Mühle der Königshütte in Bad Lauterberg, die zunächst noch mit Wasserrädern und später mit Wasserturbinen arbeitete. Die Königshütte ist eigentlich eine alte Gießerei, die nach Privatisierung und Kauf durch zwei Wolfenbütteler Unternehmer 1872 zu einer Maschinenfabrik und Mühlenbauanstalt umgewandelt worden war.

Bockwindmühle Groß-Lobke

Lkrs. Hildesheim

0 1 2 3 4m

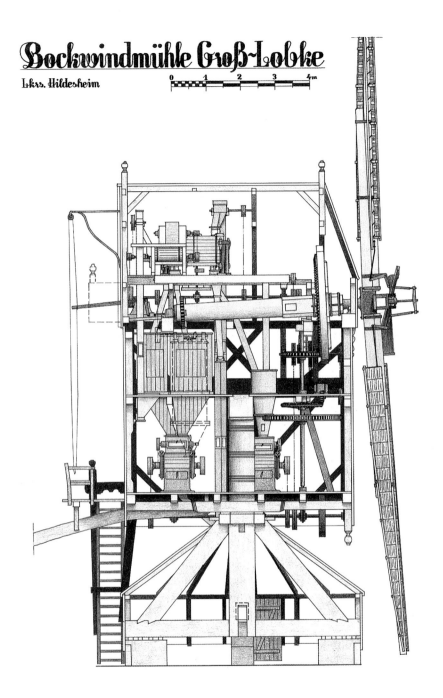

Die technische Entwicklung machte auch vor den alten Bockwindmühlen nicht halt. In manchen Regionen wurden diese noch um die Wende zum 20 Jahrhundert bis an die Grenze des Machbaren modernisiert. Das Beispiel der Groß-Lobker Mühle bei Hildesheim zeigt mit zwei Walzenstühlen und Plansichter bereits den völligen Fort-gang von der althergebrachten Bockmühlentechnik.

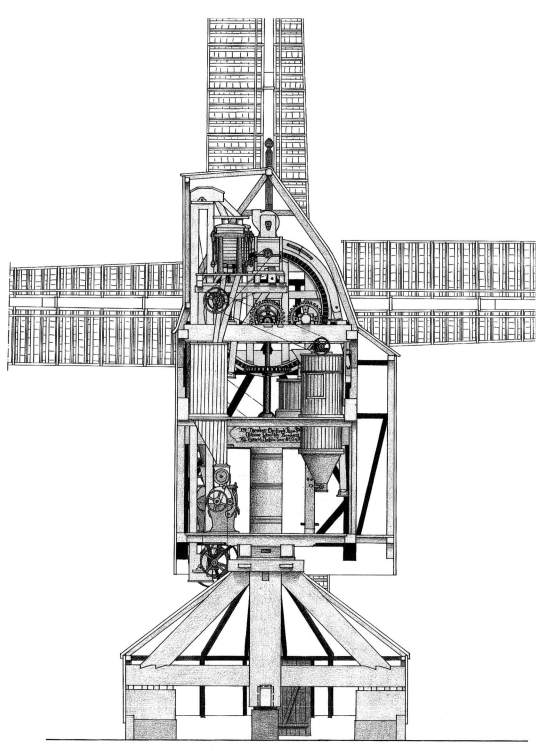

Bockwindmühle Groß-Lobke

Lkrs. Hildesheim

0 1 2 3 4m

Kleine Motormühle

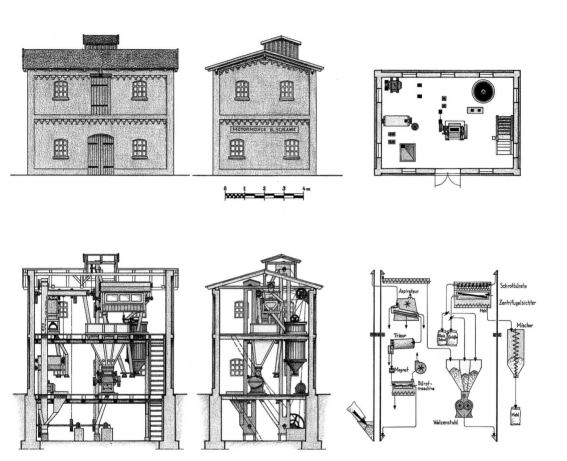

Die Einführung von Verbrennungs- und Elektromotoren in der ersten Hälfte des 20. Jahrhunderts in den Mühlenbetrieben brachte einen völlig neuen Mühlentyp hervor: die Motormühle. Im Gegensatz zu den großen industriellen Mühlenbetrieben, die damals zumeist mit Dampfkraft oder auch Wasserturbinen arbeiteten, sind solche Motormühlen kleinere Betriebe gewesen, denn Elektro- und Verbrennungsantriebe waren damals noch nicht sehr leistungsfähig. Oft entstanden solche Motormühlen auch als Parallelbtriebe zu alten Windmühlen.

Mühle zu Klampen in Apen

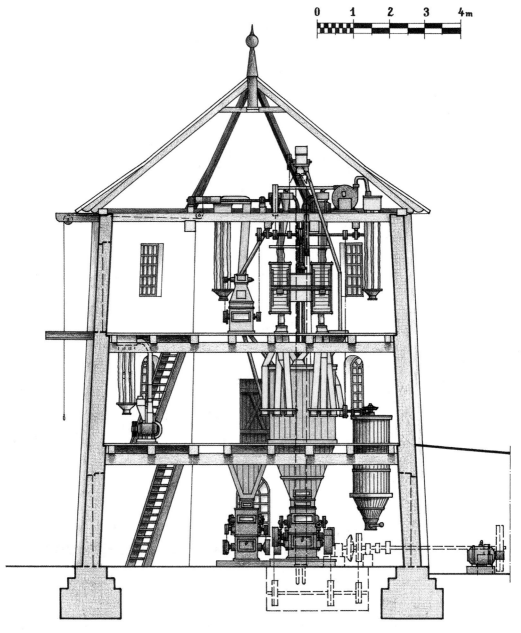

Zahlreiche Holländermühlen wurden in späterer Zeit zu reinen Motormühlen umgebaut. Die hiesige Ammerländer Mühle wurde, nachdem sie 1925 im Sturm Kappe und Flügel verloren hatte, bis auf den Stumpf abgebaut und als Motormühle eingerichtet. Im Jahre 1946 erfolgte mit einer nochmaligen Erweiterung der Umbau auf Walzenstühle und die damals noch sehr neue pneumatische Fördertechnik.

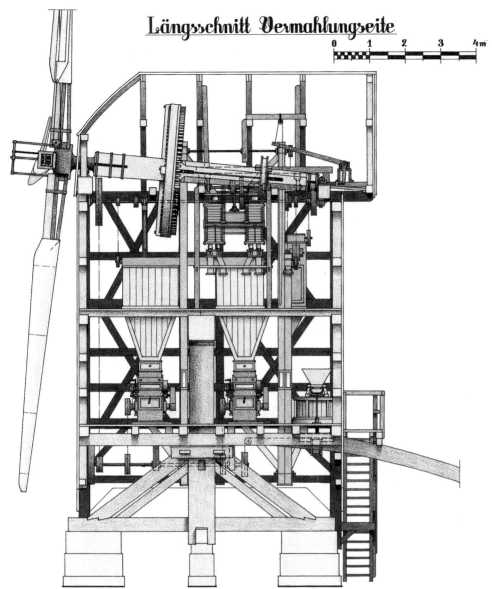

Die zur Jahresschau 1936 erbaute Windmühle
am Berliner Funkturm

Für die Ausstellung „Jahresschau für das Gaststättengewerbe und Nahrungsmittel-handwerk" ließ die Berliner Messegesellschaft im Jahre 1936 aus der Nähe von Frank-furt/Oder eine Bockmühle umsetzten und mit modernster Technik sowie den kurz zu-vor von Major Bilau erfundenen stromlinienförmigen „Ventikantenflügeln" ausstatten. Die als Kombination der alten Märkischen Bockmühle mit den damals aktuellsten Müllereimaschinen errichtete „Schaumühle" zeigt deutlich den Höhepunkt des Wind-mühlenbaus.